essentials

Essentials liefern aktuelles Wissen in konzentrierter Form. Die Essenz dessen, worauf es als „State-of-the-Art" in der gegenwärtigen Fachdiskussion oder in der Praxis ankommt, komplett mit Zusammenfassung und aktuellen Literaturhinweisen. Essentials informieren schnell, unkompliziert und verständlich

* als Einführung in ein aktuelles Thema aus Ihrem Fachgebiet
* als Einstieg in ein für Sie noch unbekanntes Themenfeld
* als Einblick, um zum Thema mitreden zu können.

Die Bücher in elektronischer und gedruckter Form bringen das Expertenwissen von Springer-Fachautoren kompakt zur Darstellung. Sie sind besonders für die Nutzung als eBook auf Tablet-PCs, eBook-Readern und Smartphones geeignet.

Essentials: Wissensbausteine aus Wirtschaft und Gesellschaft, Medizin, Psychologie und Gesundheitsberufen, Technik und Naturwissenschaften. Von renommierten Autoren der Verlagsmarken Springer Gabler, Springer VS, Springer Medizin, Springer Spektrum, Springer Vieweg und Springer Psychologie.

Andreas Beisswenger

Anatomie strategischer Entscheidungen

Komplexität im Unternehmen verstehen, analysieren und meistern

MBA. MBA. Dipl. Wirtsch.-Ing.
Andreas Beisswenger
Friedrichshafen
Deutschland

ISSN 2197-6708 ISSN 2197-6716 (electronic)
essentials
ISBN 978-3-658-12434-2 ISBN 978-3-658-12435-9 (eBook)
DOI 10.1007/978-3-658-12435-9

Die Deutsche Nationalbibliothek verzeichnet diese Publikation in der Deutschen Nationalbibliografie; detaillierte bibliografische Daten sind im Internet über http://dnb.d-nb.de abrufbar.

Springer Gabler
© Springer Fachmedien Wiesbaden 2016

Gedruckt auf säurefreiem und chlorfrei gebleichtem Papier

Springer Fachmedien Wiesbaden ist Teil der Fachverlagsgruppe Springer Science+Business Media
(www.springer.com)

Was Sie in diesem Essential finden können

- **Verständnis** für eine neue Sichtweise auf komplexe Entscheidungssituationen im Allgemeinen und strategische Entscheidungen im Speziellen
- **Unterscheiden lernen** durch die Schaffung eines Überblicks über die vier Arten von Entscheidungen in unterschiedlich komplexen Entscheidungssituationen
- **Auswahl von Entscheidungshilfen**
- **Meistern der Komplexität** von Entscheidungen durch Hinweise zur Planung und Umsetzung eines strategischen Entscheidungsprozesses

Vorwort

Dieser Beitrag verfolgt zwei Zielrichtungen: Der Leser soll schnell anwendbares Basiswissen über komplexe Entscheidungssituationen erwerben.

Der Leser soll darüber hinaus einen ersten Einblick in die komplexe Thematik strategischer Entscheidungen gewinnen. Dass dabei mitunter eine detaillierte Darstellung leidet, erklärt sich von selbst.

Interessierte Leser seien an dieser Stelle auf die für das Jahr 2016 geplante Monografie des Verfassers mit einem vertieften wissenschaftlichen Fundament sowie zahlreichen Fallbeispielen aus der Praxis verwiesen.

► **Genderklausel** Die weibliche Form, die Entscheiderin, ist der männlichen Form, dem/der Entscheider, in diesem *essential* gleichgestellt; lediglich aus Gründen der Vereinfachung wurde die männliche Form gewählt.

Inhaltsverzeichnis

Einleitung

1

In der modernen Welt lässt sich eine unablässige Zunahme von Komplexität in zahllosen Bereichen diagnostizieren.

Eine Reihe von Entwicklungen beleuchtet diese Feststellung schlaglichtartig: Entscheidungen rund um die europäische Flüchtlingskrise bzw. weltweite Migrationsbewegungen, Überlegungen zur Vertiefung der Europäischen Union, Ringen um weltweit gültige Klimaziele, Durchführung großer Unternehmensfusionen etc.

Viele Erklärungsversuche für die geradezu explosionsartige Entwicklung der **Komplexität** setzen an den großen ökonomischen Veränderungen wie Globalisierung und Deregulierung, den bedeutenden politischen Veränderungen, den Megatrends wie Urbanisation, demographischer Wandel oder Nachhaltigkeit an. Hinzu kommen die neuen Technologien – Informationstechnologie, Biotechnologie, Neue Medien, die Digitalisierung aller Bereiche und deren Vernetzung.

Auch wenn nahezu alle Lebensbereiche betroffen sind, so sind es vor allem Unternehmen, die dem Komplexitätszuwachs in besonderem Maße ausgesetzt sind. Gerade die Verantwortlichen in der Wirtschaft sehen die **Komplexität** der Märkte, die Unvorhersehbarkeit der Entwicklungen, die Bewältigung der Vielfalt der Optionen als die zentralen Herausforderungen der Zukunft. Unternehmen sind gefordert, immer **schneller neue Produkte** zu entwickeln, zu produzieren und sie auf den globalen Märkten anzubieten. Durch diese sich permanent **verkürzenden Innovationszyklen** bei gleichzeitigem **Kostendruck** und der damit verbundenen Forderung nach marktgerechten Produkten steigen der **Wettbewerbsdruck** und die damit verbundene **Komplexität** erheblich.

Dem Meistern der Komplexität widmet sich die neue Management-Philosophie (Malik 2011). Diese konzentriert sich auf die essentielle Herausforderung, wie Entscheidungen in Unternehmen getroffen und umgesetzt werden.

© Springer Fachmedien Wiesbaden 2016
A. Beisswenger, *Anatomie strategischer Entscheidungen,* essentials,
DOI 10.1007/978-3-658-12435-9_1

Daraus ergibt sich die zentrale Frage: Wie können nutzenoptimale Entscheidungen, trotz unvermeidbarer Komplexität, getroffen werden?

Dieser Frage soll aufgrund der beschriebenen Aktualität nachgegangen werden. Zum anderen zeigt sich, dass die Managementliteratur sich mit dieser Thematik bis heute wenig auseinandergesetzt hat.

Komplexität, was ist das?

2

Bevor wir uns mit der Anatomie von komplexen Entscheidungen in Unternehmen befassen, stellt sich die Frage: Was bedeutet Komplexität überhaupt, dieses in der modernen Welt geradezu inflationär gebrauchte Wort? Kann man Komplexität definieren oder ist der Begriff der Komplexität selbst so komplex, dass er sich einer einfachen Definition verschließt – referenziert er sich gar auf sich selbst?

Aus linguistischen und inhaltlichen Gründen ist es sinnvoll, bei einem vage erscheinenden Begriff, wie dem der Komplexität, von einer schnellen, allgemeingültigen Definition abzusehen. Für eine erste Annäherung an ein Verständnis von Komplexität ist es jedenfalls hilfreich, sich Komplexität über ein Wortfeld zu verdeutlichen, das verschiedene Bedeutungen und Implikationen umfasst. Erschließt man sich Komplexität über ein charakterisierendes Wortfeld, so ist Komplexität: umfassend, gesamthaft, vielfältig, vielschichtig, heterogen, multipel, ineinandergreifend, verbunden, verflochten, verwickelt, zusammengesetzt und zusammenhängend. Auf dieser Basis soll der Gebrauch des Komplexitätsbegriffs erhellt werden, um hieraus in den folgenden Kapiteln praxisrelevante Folgerungen zu treffen.

Bei der Vielschichtigkeit des Komplexitätsbegriffs ragen vor allem die Betrachtungen des Sozialwissenschaftlers und Protagonisten der Entscheidungsforschung Niklas Luhmann besonders hervor. Sie erweisen sich für die Entscheidungstheorie im Komplexen als derart grundlegend, dass sie das Fundament für die weiteren Überlegungen darstellen.

2.1 Die Mehrdimensionalität der Komplexität

Laut Luhmann stellt der Begriff „Komplexität" ein Aggregat bestehend aus mehreren Dimensionen und mehreren Ebenen dar (Luhmann 2009, S. 8). Die Mehrdimensionalität besteht dabei aus Sachdimension, Zeitdimension und Sozialdi-

© Springer Fachmedien Wiesbaden 2016
A. Beisswenger, *Anatomie strategischer Entscheidungen*, essentials,
DOI 10.1007/978-3-658-12435-9_2

3

mension (Luhmann 2009, S. 8). Für die weiteren Betrachtungen beschränken wir uns jedoch auf die Sach- und Zeitdimension. Damit wird dem Umstand Rechnung getragen, dass sich die Sozialdimension zum einen nur unzureichend oder überhaupt nicht erfassen lässt (Graf 1999, S. 104) und zum anderen aufgrund von theoretischen Vereinfachungen von untergeordneter Bedeutung ist. Letztlich soll der dreidimensionale Komplexitätsraum aus Sach-, Zeit- und Sozialdimension auch aus darstellungstechnischen Gründen in einem zweidimensionalen Schema seinen Niederschlag finden.

2.2 Sachdimension

Die **Sachdimension** selbst setzt sich zusammen aus: Multiplizität, Diversität und Interdependenz (Sargut und McGrath 2011; Luhmann 2009).

▶ **Definition** Eine Entscheidungssituation ist in dem Maße sachlich komplexer, je höher die Multiplizität, also die Anzahl der zu berücksichtigenden Einflussgrößen ist. Sie ist zudem sachlich komplexer, je ausgeprägter die Interdependenzen der Einflussgrößen untereinander sind. Hinzu kommt, dass durch die Abhängigkeit der zu berücksichtigenden Einflussgrößen neue Eigenschaften entstehen können. Diese sind dabei durch die Art des Zusammenwirkens bestimmt. Die Entscheidungssituation ist sachlich komplexer, wenn durch das Phänomen der Diversität verschiedenartigste Einflussgrößen zu berücksichtigen sind.

Ist im herkömmlichen Sprachgebrauch von größerer/geringerer Komplexität die Rede, so bedeutet dies in Anbetracht der Mehrdimensionalität eine unscharfe Unterteilung. Deshalb wird nicht nur die Sachdimension in geringe/mittlere/hohe Komplexität unterteilt, sondern auch deren jeweilige Ebenen Multiplizität, Diversität und Interdependenz (Abb. 2.1).

2.3 Zeitdimension

Durch die **Zeitdimension** der Komplexität wird für die Betrachtung von Entscheidungen mit Langfrist-Charakter auf der Zeitschiene dem Umstand Rechnung getragen, dass Art und Anzahl der zu berücksichtigenden Einflussgrößen und/oder deren Bedeutung durch einen Zukunftsbezug potentiell zunehmen (Pfeiffer et al. 1997, S. 125). Diese Überlegung führt zu der Erkenntnis, dass der Grad der Komplexität von Entscheidungssituationen als ein Prozess in der Zeit abläuft. Es ist diese Abhängigkeit der Sachdimension von der Zeitdimension, welche durch ihren

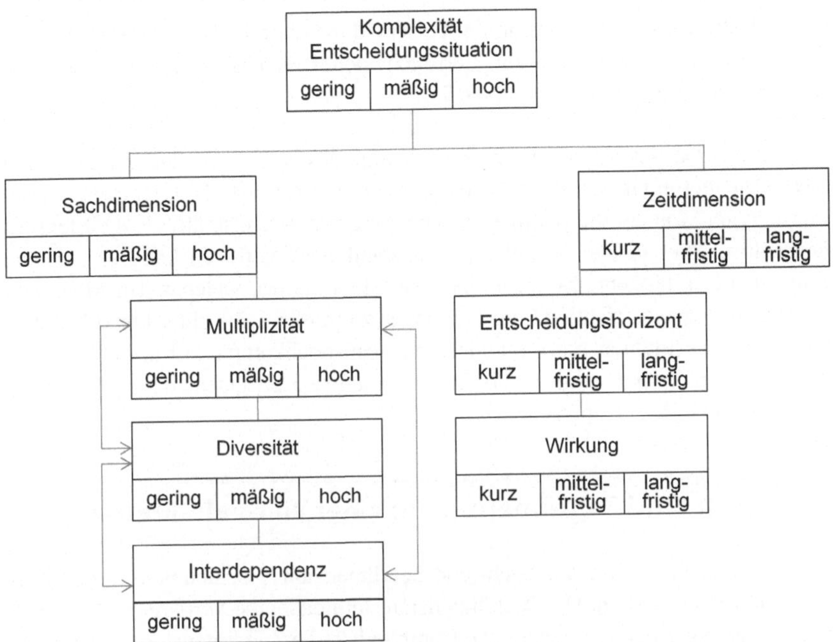

Abb. 2.1 „Messtechnische" Unterteilung von Sachdimension und Zeitdimension

Zukunftsbezug zu einer zunehmenden Bedeutung und wachsenden Komplexität führt.

Die notwendige Operationalisierung der Zeitdimension verlangt im nächsten Schritt, diese aufzubrechen und als solche zu messen. Dies kann zwar verschiedenartig erfolgen (Luhmann 2009, S. 22). Für unsere Betrachtung orientiert sich die Erfassung durch eine messtechnische Unterteilung aber an der üblichen Einteilung: kurzfristig (bis zu 1 Jahr), mittelfristig (1–5 Jahre) und langfristig (mehr als 5 Jahre). Die Zeitdimension ist dabei als Planungshorizont/Planperiode, als Zeitraum für das Wirken der Entscheidung oder als „time-to-decision" zu sehen (Abb. 2.1).

2.4   Die Komplexität der Entscheidungssituation versus die Richtigkeit der Entscheidung

Für das Ziel der Kategorisierung und Spezifizierung der unterschiedlichen Arten von Entscheidungen orientieren wir uns für die weitere Modellbildung an dem Luhmann'schen **„Leitbegriff der Entscheidungstheorie"** (Luhmann 2009, S. 6).

▶   **Wichtig** Luhmann weist in der Entscheidungstheorie der Komplexität
    der Entscheidungssituation und nicht deren Richtigkeit die zentrale
    Bedeutung zu (Luhmann 2009, S. 12).

Wir orientieren uns also nicht an der Richtigkeit der Entscheidung, wenngleich
diese Orientierung in der Managementliteratur die Regel ist. Zwar ist der Wunsch,
im richtigen Moment die richtige Entscheidung zu treffen, so alt wie die Mensch-
heit selbst. Aber in hochkomplexen Entscheidungssituationen kann es, wie die
folgenden Kapitel zeigen werden, kein Verfahren geben, welches den Menschen
in die Lage versetzt, richtige Entscheidungen zu treffen. Dies gilt schon allein deshalb, um ein Argument vorwegzunehmen, weil hochkomplexe Entscheidungssituationen das Orientierungs- und Urteilsvermögen des Entscheiders schlichtweg
überfordern (s. dazu Kap. 5).

2.5 Sach- und Zeitdimension in einer Vier-Feld-Matrix

Die Zweidimensionalität aus Sach- und Zeitdimension lässt sich nun in eine Vier-
Feld-Matrix überführen. Die Sachdimension stellt dabei die Vertikale mit der Auf-
teilung keine/geringe/hohe sachliche Komplexität, die Zeitdimension die Horizon-
tale mit der Unterteilung kurz-/mittel-/langfristig dar.

Dieses zweidimensionale Verständnis von Komplexität zur Kategorisierung
von Entscheidungen unterschiedlich ausgeprägter Komplexität bildet das Fundament für die folgende Abgrenzung der vier verschiedenen Arten von komplexen
Entscheidungssituationen.

Vier Arten von Entscheidungen im Komplexen   3

Die folgende Vier-Feld-Matrix soll der Differenzierung von Entscheidungen dienen und damit die unterschiedlichen Gesetzmäßigkeiten in komplexen Entscheidungssituationen bewusst machen. Da jedoch unterschiedliche Grade der Komplexität in Kombination bzw. Abhängigkeit des Zeitfaktors stehen, lassen sich die vier Felder der Matrix selbstverständlich nicht absolut sauber voneinander abgrenzen. Gleichwohl erlaubt diese Vorgehensweise, den Blick auf die im Mittelpunkt unserer Betrachtung stehenden strategischen Entscheidungen zu schärfen.

Anmerkung: Die Bezeichnung der Achsen sowie die Nummerierung der Quadranten entspricht dem kartesischen Koordinatensystem (s. dazu auch Abb. 3.1).

3.1 Entscheidungen im IV. Quadranten

Im **IV. Quadranten** sind die Entscheidungen mit geringer bis mäßiger Komplexität und mittel- bis langfristigem Planungshorizont oder Zeitraum mit Langzeitauswirkungen und/oder mit mittlerer bis hoher Bedeutung des Entscheidungsgegenstandes verortet. Derartige Entscheidungssituationen bedürfen einer längerfristigen Betrachtungsweise, da zum einen aufgrund der hohen Entscheidungsbedeutung eine aufwändige Informationsbeschaffung zur Spezifizierung der Entscheidungssituation erforderlich ist. Zum anderen ist auch die vorgelagerte Detailarbeit, bis die Entscheidung gefällt werden kann, mit einem längerfristigen Planungshorizont verbunden.

Der wesentliche Unterschied zum darüber liegenden I. Quadranten besteht darin, dass derartige Entscheidungssituationen nicht hochkomplexer Natur sind. Entscheidungen im IV. Quadranten können zwar auch den Eindruck eines in sich verworrenen Gesamtbildes abgeben. Dieses kann jedoch durch Aufschlüsselung in kleinere, überschaubare Teile relativ einfach dechiffriert werden, denn die dahinter

© Springer Fachmedien Wiesbaden 2016
A. Beisswenger, *Anatomie strategischer Entscheidungen*, essentials,
DOI 10.1007/978-3-658-12435-9_3

steckenden Gesetzmäßigkeiten sind bekannt und fest strukturiert. Auftretende Veränderungen von beteiligten Faktoren lassen sich über eindeutige, **nachvollziehbare Ursache-Wirkungs-Beziehungen** zuverlässig vorhersagen. Voraussagen über das Verhalten dieser Faktoren sind sowohl vor als auch nach der Entscheidung möglich und führen in völlig unterschiedlichen Zeiträumen zu immer demselben Ergebnis.

Der Zufall spielt bei derartigen Entscheidungen praktisch keine Rolle. Zwar haben wir hier mitunter auch viele entscheidungsrelevante Faktoren, allerdings bei keiner/geringer Diversität und geringer Dynamik der Elemente.

Als Beispiele seien eine Investitionsrechnung und die darauf basierende Investitionsentscheidung oder die Auslegung eines technischen Bauteils genannt.

Auch wenn im technischen naturwissenschaftlichen Denken die Begriffe komplex und kompliziert meist als gleichwertig betrachtet werden, ist im Ergebnis der hier erfolgten Betrachtung eine klare Trennung in der Benutzung der Termini „komplex" und „kompliziert" vorzunehmen. Wir wollen diese Art der Entscheidung als **Komplizierte Entscheidungssituation (KES)** bezeichnen.

3.2 Entscheidungen im III. Quadranten

Im **III. Quadranten** zeichnen sich die Entscheidungen durch eine **geringe Komplexität** aus. Wesentliche Kennzeichen dieser Art von Entscheidungssituationen sind: Es gibt nur wenige Einflussgrößen mit geringer Verschiedenartigkeit und eine nicht vorhandene bzw. **vernachlässigbare Dynamik** zwischen den Faktoren und deren Vernetzungen.

Meist ist es bei Entscheidungen des III. Quadranten eine Sache der Erfahrung, eine Entscheidung zu finden. Entscheidungssituationen wiederholen sich und haben ähnliche Ursachen und Wirkungen, wodurch Prognosen problemlos getroffen werden können. Ein wesentlicher Unterschied zu den Entscheidungssituationen der anderen drei Quadranten liegt in der relativ **geringen Relevanz des Entscheidungsgegenstandes**. Er weist eine nur untergeordnete Bedeutung und geringe Beeinflussung von mehr oder weniger relevanten Entscheidungsfaktoren auf. Ein längerer Planungshorizont und eine längere Planperiode für das Treffen einer solchen Entscheidung sind deshalb nicht erforderlich. Auch eine aufwändige Informationsbeschaffung zur Spezifizierung der Entscheidungssituation ist nicht notwendig. Solche Entscheidungen können deshalb aus Effizienzgründen **ad hoc** bzw. in **Echtzeit** getroffen werden.

Beispiele dafür sind der Kauf eines einfachen Produkts, der Entscheidungsprozess über den Einsatz von Mitarbeitern oder eine Urlaubsentscheidung.

Wir bezeichnen deshalb Entscheidungssituationen, welche die genannten Charakteristika aufweisen, als **Normale Entscheidungssituationen (NES).**

3.3   Entscheidungen im II. Quadranten

Im **II. Quadranten** befinden sich Entscheidungssituationen, welche eine sehr hohe sachliche Komplexität aufweisen. Diese ist in der Regel mit einer extrem hohen Dynamik gekoppelt. Durch den hohen Vernetzungsgrad der unterschiedlichsten Faktoren geht das nachvollziehbare Verbindungsglied zwischen Ursache und Wirkung in der Entfaltung von Entscheidungen verloren. Das Fehlen eines Musters macht es zudem nahezu unmöglich, in einer derartigen Entscheidungssituation zurückzuschauen und Ursachen mit nachfolgenden Wirkungen zu verbinden.

Die genannten Charakteristika haben eine wesentliche Folge: Die hohe Dynamik einer solchen Entscheidungssituation lässt keine auch nur annähernd ausreichende Zeit für die Entscheidungsfindung. Eine Entscheidung muss unter Echtzeitbedingungen getroffen werden. Dadurch ist es schlichtweg unmöglich, genügend Wissen zu erhalten, um die Entscheidungssituation zu spezifizieren.

Man kann sich eine derartige Entscheidungssituation wie ein „Chaotisches Pendel", ein beliebtes Modell aus der Physik zur Demonstration von chaotischen Prozessen (siehe (Dürr, H.P.) auf youtube), vorstellen. Physikalisch gesprochen kommt es zu sogenannten instabilen Gleichgewichten. Das chaotische Pendel erzeugt ein unvorhersehbares Bewegungsmuster, welches im Zustand des instabilen Gleichgewichtes bereits bei geringen Änderungen exponentiell auf Störungen reagiert. Übertragen auf eine Entscheidungssituation bedeutet dies: Bereits kleinste Änderungen eines einzigen relevanten Parameters der Entscheidung können unerwartete Abweichungen von sonst gültigen Zuordnungen zwischen Ursache und Wirkung zur Folge haben.

Demnach sind fundierte Entscheidungen, die eine gewisse voraussagende Kraft haben, schlichtweg unmöglich. Mit anderen Worten: Die in einer solchen Entscheidungssituation getroffene Entscheidung erfolgt eher zufällig und kann nicht unbedingt zur Bestätigung rationalen Verhaltens herangezogen werden.

Beispiele dafür sind Entscheidungen, wie sie von Blaulichtorganisationen in Notfallsituationen getroffen werden, militärische Entscheidungen oder wenn eine Notfallentscheidungssituation entsteht, bei der viele Menschen abrupt in Not sind und schnell entschieden werden muss.

Beispiel: Ein Beispiel für den Einsatz von Heuristiken

In Anbetracht des Ankommens von bis zu 40.000 Flüchtlingen in der Bundesrepublik innerhalb weniger Tage musste die Bundeskanzlerin eine Entscheidung in einer Notlage treffen.

Wir haben in der vergangenen Woche in einer Notlage eine Entscheidung getroffen. Ich bin davon überzeugt: Das war richtig (Spiegel 2015).

Bei einer solchen Gemengelage mit enormer Komplexität und der oftmaligen Unumkehrbarkeit einmal getroffener Entscheidungen bleibt dem Entscheider oft nur noch die Möglichkeit, eine Ad-hoc-Entscheidung zu treffen und zu warten und zu sehen, was passiert. Eine „Ideal-Entscheidung" ist in Anbetracht dessen ohnehin nicht möglich.

Die genannten Eigenarten einer solch hochkomplexen Entscheidungssituation, bei der eine Entscheidung unter Echtzeitbedingungen getroffen werden muss, führen daher zu der Bezeichnung: *Chaotische Entscheidungssituation.*

3.4 Entscheidungen im I. Quadranten

Im **I. Quadranten** der Vierfeldmatrix befinden sich die Entscheidungen in hochkomplexen Entscheidungssituationen mit langfristigen Auswirkungen, langen Planungshorizonten und sehr hoher Bedeutung des Entscheidungsgegenstandes.

Hierunter fallen etwa hochkomplexe Thematiken aus Politik und Wirtschaft, wie etwa Entscheidungen um globale Migrationsbewegungen etc. oder Unternehmensentscheidungen.

Beispiele für Unternehmensentscheidungen

- die Entscheidung, organisch zu wachsen oder alternativ ein anderes Unternehmen dazuzukaufen
- eine Entscheidung darüber, welche Stufen der Wertschöpfungskette extern vergeben werden können
- eine Entscheidung darüber, welches Unternehmen der geeignete Kooperationspartner für die Penetrationsstrategie in Land Y ist
- …

In der Literatur werden Entscheidungen dieser Art als strategische Entscheidungen (siehe z. B. (Hinterhuber 2004, S. 140)) bezeichnet. Darüber hinaus gibt es vielfältige Ansätze zur Definition von strategischen Entscheidungen. So definiert Mintzberg strategische Entscheidungen als „strategic simply means important, in terms of the actions taken, the resources committed, or the precedents set" (Mintzberg 1976, S. 246). Nutt formuliert „a strategic decision was defined as choice with important consequences and resource demands for the organisation" (Nutt 1998, S. 198). Das definitorische Verständnis einer strategischen Entscheidung scheint jedenfalls ebenso vielfältig und kontrovers zu sein wie der Diskurs um den Komplexitätsbegriff. Zum besseren Verständnis der Betrachtungen wird deshalb die folgende, konkretisierte Definition gewählt, welche andere begriffliche Abgrenzungen mit einschließt.

▶ **Definition: Strategische Entscheidungen (Gabler Versicherungslexikon)**
1. *Begriff:*
   Entscheidungen über wichtige und umfassende Maßnahmen und Vorgehensweisen im Rahmen der Unternehmenspolitik und Unternehmensstrategie, die langfristig orientiert sind. Dafür sind die Beschaffung von Informationen und eine strategische Situationsanalyse (gegenwarts- und zukunftsbezogene interne und externe Analyse der Rahmenbedingungen eines Unternehmens) notwendig.
2. *Ziele:*
   Schaffung von Potenzialen und günstigen Ausgangspositionen für nachfolgende operative Entscheidungen und Handlungen zur Erlangung von Wettbewerbsvorteilen.

Neben der definitorischen Beschreibung strategischer Entscheidungen werden diese in Literatur und Praxis oftmals auch in ihrer Eigenschaft als die komplexesten Entscheidungen überhaupt angesehen.

> … strategic decisions are, almost by definition, extremely complex. (Mason und Mitroff 1981)
> So werden strategische Unternehmensentscheidungen sowohl als „Die wichtigsten und zugleich schwierigsten Entscheidungen…" (Rosenzweig 2014, S. 26), als auch als die „…komplexesten Entscheidungen überhaupt …" (Rosenzweig 2014, S. 31) bezeichnet.

Hrebiniak und Joyce geben im Sloan Management Review ein Beispiel für die hohe Multiplizität, Interdependenz und Diversität von entscheidungsrelevanten Faktoren bei strategischen Unternehmensentscheidungen.

Beispiel: Multiplizität, Interdependenz und Diversität strategischer Entscheidungen

Levels of competition, technological change, government regulation, size of business units, geographical dispersion, volatility in customer preferences and prices, product innovations, market structure, and bargaining power of suppliers and customers are but a few factors that affect … the complexity of strategic decision making. (Hrebiniak und Joyce 1986, S. 5)

Hinzu kommt noch die hohe Relevanz des Entscheidungsgegenstandes, wie sie bei (Johnson et al. 2011, S. 10) zum Ausdruck kommt und die bis zum Überleben einer Organisation reichen kann.

Auf der Achse der Zeitdimension sind strategische Entscheidungen, was sowohl den Planungshorizont als auch die Wirkung angeht, eindeutig langfristiger Natur (Johnson et al. 2011, S. 4). Damit stehen sie mit ihrem langfristigen und zukunftsorientierten Anliegen generell im Gegensatz zu den Anforderungen der **Chaotischen Entscheidungssituationen (CES)** und der **Normalen Entscheidungssituationen (NES)**, insbesondere zu deren Kurzfristigkeit (s. dazu (O'Reilly und Tushma 2004)).

Aufgrund der genannten Charakteristika von strategischen Entscheidungen – hochkomplexe Entscheidungssituation und langfristige Orientierung – sind diese dem I. Quadranten zuzuordnen.

▶ **Definition: Strategische Entscheidung** Im weiteren Verlauf sprechen wir von einer strategischen Entscheidung, wenn die oben dargestellten Kriterien einer hohen sachlichen Komplexität in Verbindung mit einer langfristigen Orientierung, Planungsperiode oder „time-to-decision" mit hoher Bedeutung des Entscheidungsgegenstandes vorliegen. (Quelle: Autor)

▶ **Definition: Anatomie strategischer Entscheidungen** Die Anatomie ist die beschreibende Lehre vom Aufbau des menschlichen Körpers als ein Gesamtkunstwerk von äußerster Komplexität.

Strategische Entscheidungen stellen die komplexeste Art von Entscheidungen überhaupt dar.

Aus der Analogie der Anatomie des Menschen wird der Aufbau von hochkomplexen Entscheidungssituationen untersucht. Diese lassen sich in zwei Dimensionen mit jeweils eigenen Bestandteilen zerlegen mit dem Ziel, ein Gesamtentscheidungsbild für strategische Entscheidungen zu schaffen. (Quelle: Autor)

Deshalb bezeichnen wir den I. Quadranten der Entscheidungsmatrix als den Quadranten für *Strategische Entscheidungssituationen* (SES).

3.5 Die vier Arten von Entscheidungssituationen in der Vier-Feld-Matrix

Die Vier-Feld-Matrix zur Kategorisierung und Abgrenzung der vier Arten von komplexen Entscheidungssituationen (normal, kompliziert, chaotisch und strategisch) ist in Abb. 3.1 dargestellt.

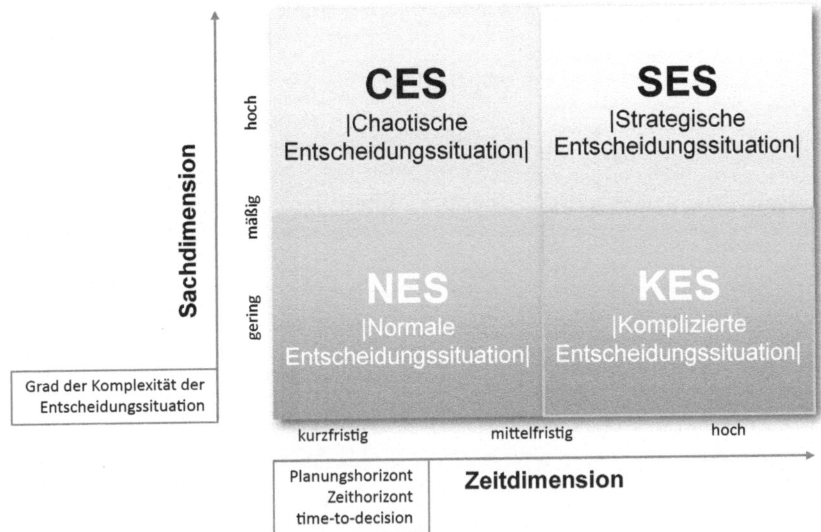

Abb. 3.1 Vier Arten von komplexen Entscheidungssituationen

Entscheidungshilfen

Gemeinsam mit den bisherigen Ausführungen hilft die Vier-Feld-Matrix bei gering bis hoch komplexen Entscheidungssituationen zu differenzieren. Dies reicht jedoch nicht aus, um bessere Entscheidungen zu treffen.

Hintergrundinformation

„Although past research has identified a few important insights on how to improve decision making, we argue that many others await discovery. We hope judgement and decision-making scholars will focus their attention on the search for improvement strategies in the coming years and seek to answer the big question: **How can we improve decision making?**" (Milkman et al. 2009, S. 379)

Luhmann plädiert im Zusammenhang mit komplexen Entscheidungssituationen für die „… Notwendigkeit der Mitgabe von **Entscheidungshilfen** bei Entscheidungssituationen zunehmender Komplexität …" (Luhmann 2009, S. 16). Daraus leiten wir für den nächsten Schritt die Frage ab:

Was sind mögliche **Entscheidungshilfen** für normale, komplizierte, chaotische und strategische Entscheidungssituationen?

4.1 Entscheidungshilfen für Komplizierte Entscheidungssituationen (KES)

Bei den Entscheidungen, welche bei geringer Sachdimension und langfristiger Zeitdimension infolge des Planungshorizontes, den entsprechenden Langzeitauswirkungen der Entscheidung oder der entsprechend hohen vorgelagerten Detailarbeit getroffen werden, können wir in der Literatur auf eine Fülle von zur Verfügung stehenden Entscheidungshilfen zurückgreifen (Tab. 4.1).

© Springer Fachmedien Wiesbaden 2016
A. Beisswenger, *Anatomie strategischer Entscheidungen,* essentials,
DOI 10.1007/978-3-658-12435-9_4

Tab. 4.1 Teilentscheidungshilfen für KES (in Anlehnung an (Klatt, T. 2012))

Beschreibungs- und Analyseinstrumente

Subjektiv ausgeprägt	*Objektiv ausgeprägt*
SWOT-Analyse, Lagediagnose u. Prognose, Potentialanalyse, Portfolio-Analyse, Erfolgspotentialanalyse, Früherkennung, Kepner-Tregoe-Technik, Indikatorenorientierte Früherkennung	Strukturanalyse, Stichprobenerhebung, Strategische Bilanz, Systemanalyse, Kennzahlenorientierte Früherkennung, Gap-Analyse, Kausalanalyse, Wertkettenanalyse, Checklisten, Benchmarking, Spektralanalyse, Faktorenanalyse, Cluster-Analysen, PIMS-Modell/Erfolgsfaktorenanalyse, Target-Costing, Realoptionsmodelle, Strategieorientierte Finanzierungsrechnungen, Erfahrungskurven, Lebenszykluskostenrechnung, Prozesskostenrechnung; Kennzahlensysteme, Balanced Scorecard, Prognosekonsistenzkontrolle etc.

Prognoseinstrumente

Qualitativ (subjektiv-intuitiv)	*Quantitativ (statistisch-mathematisch)*
Delphi-Methode, SEER, Netzplantechnik, Szenariotechnik, Lebenszyklusanalyse, Trendmodelle, Argumentative Auswahlverfahren, Historische Analogie, Relevanzbaum/Entscheidungsbaum-Methode	Input-Output-Analyse, Exponentielle Glättung, Verweilzeitverteilung, Ökonometrische Modelle, Zeitreihenanalyse, Exponentielle Glättung, Wachstums- und Sättigungsfunktionen, Regressionsmodelle, Simulationsmodelle, Indikatormethode, Korrelationsrechnungen etc.

Alternativgenerierungsmethoden

Kreativ-intuitiv	*Logisch-systematisch*
Brainstorming, Methode 635, Synektik, Bionik, Flow Charts	Morphologische Methode, Zustandsbäume, Funktionsanalyse, Progressive Abstraktion

Bewertungs- und Entscheidungsinstrumente

Entscheidungsunterstützung	*Entscheidungsempfehlung*
Risiko-/Sensitivitätsanalysen, Break-Even-Point-Analyse, Kompatibilitäts- und Konfliktanalyse	Nutzwert-Analyse, Kosten-Nutzen-Analyse, Bewertungsregeln, Produktbewertungsprofile, Kosten-Wirksamkeits-Analyse, Bewertungsprofile, Investitionsrechnung, Mathematische Entscheidungsmodelle, Spieltheoretische Modelle, Lineare/nichtlineare Programmierung, Wirtschaftlichkeitsrechnungen etc.

Dazu zählen beispielsweise die Entscheidungshilfen zur Entscheidungsunterstützung oder zur Entscheidungsempfehlung. Auch wenn diese sowohl in der Praxis als auch in der Literatur als strategische Entscheidungshilfen bezeichnet werden, stellen sie im Sinne von (Maule und Hodgkinson 2002, S. 70–71) allenfalls Teilentscheidungshilfen auf dem Weg zur „strategischen Makroentscheidung" dar.

▶ **Definition Teilentscheidungshilfen** Teilentscheidungshilfen bilden mithin nur einen Ausschnitt der für eine in sachlicher wie auch zeitlicher Dimension hochkomplexe Entscheidungssituation erforderlichen umfassenden, multiplen, zusammengesetzten und zusammenhängenden Entscheidungshilfe. Sie spiegeln nur teilweise die der strategischen Entscheidung zugrunde liegende Komplexität wider, mit ihren vielschichtigen, unterschiedlichen und interdependenten Faktoren. Teilentscheidungshilfen stellen jedoch eine geeignete Art der Erfassung einer gering bis mäßig komplexen Entscheidungssituation mit unterstellten komplizierten Ursache-Wirkungs-Zusammenhängen dar.

Letztlich offenbaren sich bei einer noch näheren Untersuchung derartiger Entscheidungshilfen erhebliche Schwächen in der gezielten Anwendung. So weisen empirische Studien zum Nutzungsverhalten von Entscheidungshilfen sowohl aus dem Bereich der Entscheidungsunterstützung als auch aus dem der Entscheidungsempfehlung darauf hin, dass Entscheidungshilfen geradezu willkürlich genutzt werden. Derartige Hilfen werden offenbar „weniger auf Basis eines belastbaren analytischen Fundamentes und stärker nach subjektivem Ermessen des oder der Entscheider eingesetzt" (Klatt und Möller 2011, S. 432). Dem Ziel einer möglichst objektiven Entscheidungsfindung kann demnach nur noch sehr schwer nachgekommen werden.

4.2 Entscheidungshilfen für Normale Entscheidungssituationen (NES)

Wie bereits erwähnt, ist aufgrund einer eher geringen Entscheidungsbedeutung eine aufwändige Informationsbeschaffung zur Spezifizierung der Entscheidungssituation bei *NES* nicht erforderlich. Für derartige Entscheidungssituationen sind Heuristiken als Entscheidungshilfen besonders geeignet (Maule und Hodgkinson 2002, S. 70–71). Dies ist insbesondere dem Umstand zu verdanken, dass Heuristiken keines großen Anwendungsaufwandes bedürfen und deshalb besonders in „ … time-pressured situations …" eingesetzt werden.

> … they take less time to implement compared with conventional processing and so are particularly appropriate in time-pressured situations. (Svenson und Maule 1993)

Heuristiken sind kognitive Werkzeuge, welche den Entscheider durch einfache „Daumenregeln" Urteile fällen lassen, die keinen großen Aufwand erfordern.

Dabei wird angenommen, dass Menschen über eine Sammlung von heuristischen Entscheidungsstrategien verfügen, aus der sie je nach Entscheidungssituation die für sie passende Strategie auswählen.

Im Rahmen dieser Arbeit soll nur eine kurze illustrative Einführung in Heuristiken gegeben werden.

Die Wirtschaftsnobelpreisträger (Simon 1957) und (Kahneman 1982), auf welche die gedanklichen Grundlagen des Heuristic&Bias-Ansatzes zurückgehen, sehen die Heuristiken als „Simplifications", als eine Reaktion der Psyche auf die „Bounded-Rationality" (s. dazu Def. Kapitel 5) des Menschen, welche folglich sein Entscheiden bestimmt (vgl. Simon 1955, S. 103 ff.). Diese Eigenart ist einerseits das Resultat der begrenzten menschlichen Verarbeitungskapazität und andererseits eine der Ursachen für den Einsatz von Heuristiken.

Dabei ist es genau dieser Einsatz, der auch die potentielle Gefahr in sich trägt, dass Anwendungsvoraussetzungen nicht kritisch betrachtet werden. Heuristiken werden als „… grundsätzlich gültige Wahrheit betrachtet – und das sind sie eben nicht" (Gleißner 2000, S. 175). Somit ist dem Einsatz von Heuristiken auch der Ursprung von Biases inhärent.

Man geht sicherlich nicht fehl in der Annahme, dass die Folgen von Biases-bedingten Fehlentscheidungen aufgrund der relativ geringfügigen Bedeutung des Entscheidungsgegenstandes bei Normalen Entscheidungssituationen (**NES**) eher begrenzt sind.

Letztlich kann der Einsatz von Heuristiken in **NES** trotz gewisser Dysfunktionalitäten als äußerst effizient bewertet werden. Da jedoch Heuristiken durchaus auch bei strategischen Entscheidungssituationen eingesetzt werden, können diese Entscheidungsanomalien, aufgrund der hohen Bedeutung des Entscheidungsgegenstandes, fatale wirtschaftliche Folgen haben.

Im Folgenden werden vier Heuristiken mit entsprechenden Beispielen vorgestellt.

4.2.1 Adjustment- und Anchoring-Heuristic

Die *Adjustment- und Anchoring-Heuristic* (Kahneman 1982, S. 14) erklärt den Umstand, dass der Verstand bei seinen Bewertungen einen Anker im Sinne eines Erwartungswertes hat. Dieser beeinflusst die Bewertung nicht nur, sondern erleichtert sie auch.

Beispiel: Adjustment- und Anchoring-Heuristic bei Preisverhandlungen

In einem Verhandlungsprozess ist die Ankerfunktion eine nützliche Heuristik, um eine erste Abschätzung oder einen ersten Erwartungswert zu erhalten. Der Käufer startet mit einem extrem niedrigen Preisvorschlag oder der Verkäufer mit einem extrem hohen. Dabei orientieren sich beide Parteien sowohl während als auch nach einer Einigung in den Gesprächen und Diskussionen immer wieder an dem jeweiligen anfänglichen „Anker-Preis".

Diese Art von durch Adjustment- und Anchoring-Heuristiken geprägten Entscheidungen kommt bei Analystenschätzungen, bei Budget-Prozessen oder der Ermittlung eines IPO-Aktienpreises zum Einsatz, aber auch beim Kauf eines einfachen Produktes, wo der Verkäufer das teuerste Produkt als erstes vorstellt und damit einen kognitiven Anker setzt.

> **Beispiel: Äußerung des langjährigen Erfolgs-Coaches von Manchester United Alex Ferguson**
>
> „It is astonishing how many biases and preconceived notions we carry around, and these influence what we see, or, more precisely what we think we see. If I was told by a scout that a player had a good left foot, it would be hard for me to forget that observation when I went to watch him in action – and in doing so it would be easy to overlook another quality or, much more painfully, ignore a major fault." (Ferguson 2015, S.18)

4.2.2 Availability-Heuristic

Als *Availability-Heuristic* beschreibt (Bazerman 2006, S. 8 f.), dass wiederholtes Auftreten von Informationen die Wahrscheinlichkeit erhöht, dass diese im Gedächtnis schneller wieder aufgerufen werden können und somit eher in den Entscheidungsprozess einfließen. Diese hervorgeholten Ereignisse aus der Vergangenheit stellen für uns Assoziationen zu neuen normalen Entscheidungen unseres täglichen Lebens dar. Mit anderen Worten: Die Entscheidungsbilder von ähnlichen Entscheidungssituationen aus der Vergangenheit beeinflussen unser Entscheidungsurteil, wenn wir Entscheidungen in der Gegenwart zu treffen haben. Kahnemann (2012, S.164) definiert die Availability-Heuristic als den Prozess der Einschätzung „anhand der Leichtigkeit, mit der Beispielfälle erinnert werden".

> **Beispiel: Availability-Heuristic bei einem geplanten Markteintritt**
>
> Beim Eintritt in einen neuen Markt versucht der Entscheider, Informationen um die Marktattraktivität (Marktgröße, Marktwachstum, Wettbewerbsniveau, Profitabilität, …) der bereits im Markt vorhandenen Unternehmen in seine Entscheidung mit einzubeziehen. Dazu nehmen Entscheider allzu oft die Informa-

tionen, welche unmittelbar verfügbar sind oder leicht beschafft werden können. Das kann dann dazu führen, dass die Marktattraktivität nur anhand von leicht verfügbaren Medien und Publikationen der Verbände, wie z. B. Steuervorteile, beurteilt werden. Eine bewusste Verbreiterung der Informationsbasis kann dabei jedoch helfen, das mittels Availability-Heuristik geschaffene Entscheidungsbild der Marktattraktivität in einem völlig anderen Licht erscheinen zu lassen. Auch der Einbezug mehrerer Entscheider kann zu einem Perspektivenwechsel führen und die Wahrscheinlichkeit erhöhen, dass weitere entscheidungsrelevante Faktoren hinzugezogen werden, welche außerhalb des Bezugssystems des „Availability-Heuristic-Entscheiders" liegen.

4.2.3 Representativeness- und Similarity-Heuristic

Eine tagtäglich bei jedem „normalen" Entscheider mehrfach benutzte Heuristik ist die *Representativeness-Heuristic*, wie sie beispielsweise (Bazerman 2006, S. 9) beschreibt. Dabei macht sich der Entscheider den Umstand zunutze, dass der Informationsaufwand für eine Entscheidung durch den Vergleich mit repräsentativen Kategorien, Erwartungen oder Ereignissen erleichtert wird. Eng verwandt mit der Representativeness-Heuristik ist die *Similarity-Heuristic* nach (Rozin 2002). Ebenso wie jene besagt sie, dass Assoziationen im Hinblick auf die Ähnlichkeit in einer Entscheidungssituation in eine Beeinflussung der Entscheidung münden.

Beispiel: Representative- und Similarity-Heuristic bei einem IPO (Initial Public Offering)

Viele Neue-Markt-Unternehmen haben während der dot.com-Boomphase einen IPO gewagt. Einige hiervon waren von den Erfolgen derjenigen geblendet, die noch den „first-mover-advantage" nutzen konnten und dabei als repräsentativ für die ganze Branche galten. Eine derartige Entscheidung lässt andere ebenso entscheidungsrelevante Faktoren jedoch außer Acht, welche unter Umständen die Entscheidung und deren Folgen maßgeblich beeinflusst hätten. Entscheider sollten daher ihre auf wenigen, als repräsentativ angesehenen Beispielen oder Glaubenssätzen beruhenden Entscheidungen grundsätzlich kritisch hinterfragen. Hierfür beschreibt Schwenk ein Hilfsmittel bei strategischen Entscheidungen: „Structured Conflict and Devil's Advocacy in Strategic Decision Making" (Schwenk 1988, S. 86–107).

4.2.4   Satisfying-Heuristic

Die Satisfying-Heuristic (Hodgkinson 2002) ist eine kognitive Heuristik, bei welcher ein Entscheider die erste Alternative wählt, welche seine persönlichen Mindestbedingungen für eine Entscheidung erfüllt. Er führt damit die Suche nach einer optimalen Entscheidung, im Sinne eines „homo oeconomicus", nicht fort.

Beispiele der Satisfying-Heuristik

„A task is to sew a patch onto a pair of jeans. The best needle to do the threading is a 4 in. long needle with a 3 mm eye. This needle is hidden in a haystack along with 1000 other needles varying in size from 1 to 6 in. Satisfying claims that the first needle that can sew on the patch is the one that should be used. Spending time searching for that one specific needle in the haystack is a waste of energy and resources" (Sternberg 2009).

Die Satisfying-Heuristik kann zwar zum einen eine effiziente Entscheidungshilfe darstellen, zum anderen aber auch, bei falscher Anwendung, schädlich wirken.

„When considering a medical issue such as a diagnosis, satisfying is not the best decision making strategy to use. On the other hand, when choosing an outfit or an option from a menu, it can be helpful. When there is an unlimited amount of information available and it is necessary to eliminate options, satisfying is beneficial because it helps the person making the decision effectively and efficiently reach a conclusion" (Sternberg 2009).

4.2.5   Verweis auf weitere Heuristiken

Der interessierte Leser sei auf die nachfolgend genannten Heuristiken und die zugehörigen Literaturhinweise sowie die Verfolgung des fortwährenden wissenschaftlichen Diskurses verwiesen.

Weitere Heuristiken

Choosing-by-Liking-Heuristic

Die Choosing-by-Liking-Heuristic (Kahneman 2003, S. 1466) besagt einfach ausgedrückt, dass der Entscheider die Alternative wählt, mit welcher der größte subjektive Nutzen verbunden wird.

Causality-Heuristic

Die Causality-Heuristic hingegen führt dazu, dass Informationen mit subjektiver Färbung als nicht plausibel ignoriert werden, da kein kausaler Zusammenhang zum Entscheidungsgegenstand (Krynski 2007, S. 432) gesehen wird.

Duration-Heuristic

Die Duration-Heuristic (Yeung 2007) deutet darauf hin, dass Entscheider dazu neigen, eine Leistung eher anhand der dafür aufgewendeten Zeit zu bewerten als unter effektiven inhaltlichen Aspekten.

Fluency- und Priming-Heuristic

Da der Verstand mit schnell abrufbaren Informationen und oft wiederholten Stimuli eine Bewertung vornimmt, führt die Fluency-Heuristic (Westermann 2003, S. 619) dazu, dass der Bezug zur Entscheidung verändert wird, je „bekannter" die Information ist.

Die Fluency-Heuristic wiederum steht in engem Zusammenhang mit der Priming-Heuristic (Jonas 2007, S. 117). Diese führt zu einem Automatismus der schnelleren Aktivierung von Informationen, welche mit den Ursprungsinformationen gedanklich verknüpft sind.

Recognition-Heuristic

Abschließend sei noch die Recognition-Heuristic (Goldstein 2002) erwähnt, bei der es unter einer Auswahl von Entscheidungskriterien zu einer subjektiven Übergewichtung des Kriteriums kommt, an welches sich der Entscheider zuerst erinnert.

Am wahrscheinlichsten werden dabei Alternativen ausgeschlossen, die gleich beim ersten Entscheidungsschritt einen negativen Beiklang haben.

4.3 Entscheidungshilfen für Chaotische Entscheidungssituationen (CES)

Entscheidungssituationen, die sich durch die Kombination von sehr hoher Komplexität und der Notwendigkeit einer schnellen intuitiven Ad-hoc-Entscheidung auszeichnen, kommen beispielsweise in Notfallsituationen bzw. in Blaulicht- oder militärischen Organisationen vor.

Beispiel: Komplexität und Dynamik militärischer Entscheidungssituationen

„The volatility, uncertainty, complexity, and ambiguity of our operating environment demand that military professionals make rapid decisions." (Williams 2010)

Ob plötzlich ein Feuer ausbricht, abrupt eine Infrastruktur zusammenbricht oder eine unvermittelte militärische Entscheidung ansteht, stets geht es in solchen chaotischen Entscheidungssituationen darum, nach Mitteln und Wegen zu suchen,um innerhalb kürzester Zeit Entscheidungen in diesen enorm komplexen Entscheidungssituationen zu treffen.

Auf den ersten Blick scheinen komplexe Entscheidungssituationen in einer Blaulichtorganisation wenig mit denen in einer militärischen Organisation zu tun zu haben. Vergleicht man jedoch die Art und Weise, wie diese Organisationen zu Entscheidungen kommen, zeigen sich Gemeinsamkeiten, welche den Erkenntnisstand von Entscheidungen in hochkomplexen Entscheidungssituationen bereichern.

Dies gilt zum einen für die Entscheidungssituationen selbst. Entscheidungen, die dem Schutz hochrangiger Rechtsgüter dienen bzw. zur Abwehr von Gefahren für diese getroffen werden, sind nicht nur von allerhöchster **Bedeutung**. Sie zeichnen sich häufig durch **Unübersichtlichkeit** und **wenig** für die Entscheidungsfindung zur Verfügung stehende **Zeit** aus.

Zum anderen zeigen sich strukturelle Gemeinsamkeiten bei den verwendeten Entscheidungshilfen.

Entscheider stehen in solchen Entscheidungssituationen unter einem großen Entscheidungsdruck. Dies erfordert, dass solche Entscheidungen verantwortungsbewusst und gut begründet getroffen werden.

Beide Organisationen verwenden klar strukturierte, stufenweise Entscheidungshilfen bzw. Prozessbeschreibungen zur Entscheidungsfindung.

In Abb. 4.1 ist ein Algorithmus zur Entscheidungsfindung abgebildet, welcher dem Entscheider dabei helfen soll, die Prioritäten im Notfallgeschehen zu setzen (Was ist wann und in welcher Reihenfolge zu tun?), um ihn damit von „Reflexion und Entscheidungen" zu entlasten (Karutz 2003).

In Abb. 4.2 wird die stufenweise und sehr strukturierte Entscheidungshilfe für hochkomplexe militärische Entscheidungssituationen dargestellt. Dieser MDMP wird vom amerikanischen Militär als „… our established doctrine for decision making" (Williams 2010, S. 42) bezeichnet.

Beide in Abb. 4.1 und 4.2 vorgestellten Entscheidungshilfen verfolgen den Zweck, Entscheidern eine Entscheidungshilfe in komplexen Entscheidungssituationen an die Hand zu geben. Es handelt sich um eine Art Leitplanke für Entscheidungen in Notsituationen, in denen **wenig Zeit für umfangreiche Reflexionen** bleibt, schnelles Handeln aber vonnöten ist (vgl. (Karutz 2003, S. 130)).

Je genauer diese Festlegung der nacheinander durchzuführenden Entscheidungsschritte, desto weniger Einzelentscheidungen sind gegebenenfalls zu treffen, desto „normaler" bzw. „sicherer" kann gehandelt werden. Damit dienen die struk-

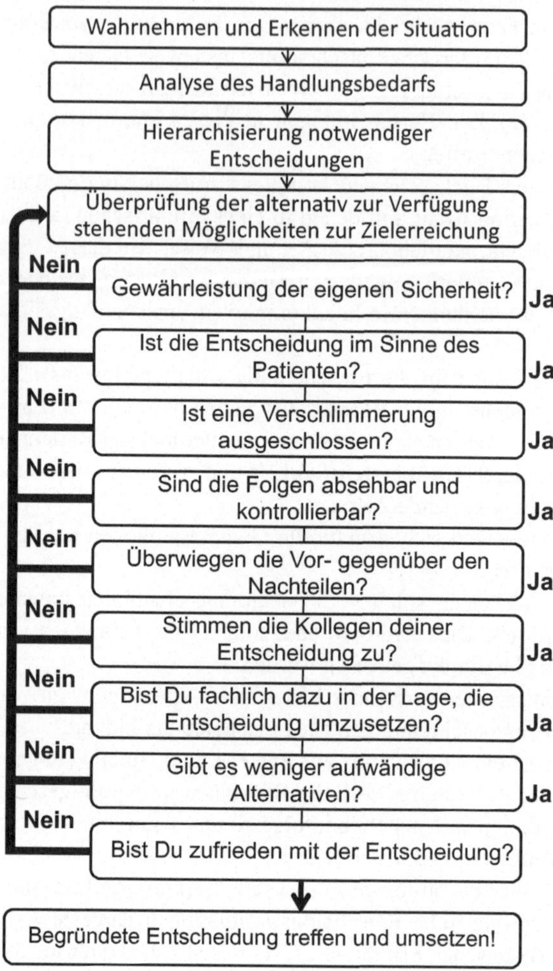

Abb. 4.1 Entscheidungspriorität in einer Notfallsituation (nach Karutz 2003)

turierten **„step-by-step"**-Entscheidungshilfen auch zur **Einhaltung, Sicherstellung und Nachvollziehbarkeit von Entscheidungsregeln** und somit letztlich zur **Rechtfertigung** einer Entscheidung.

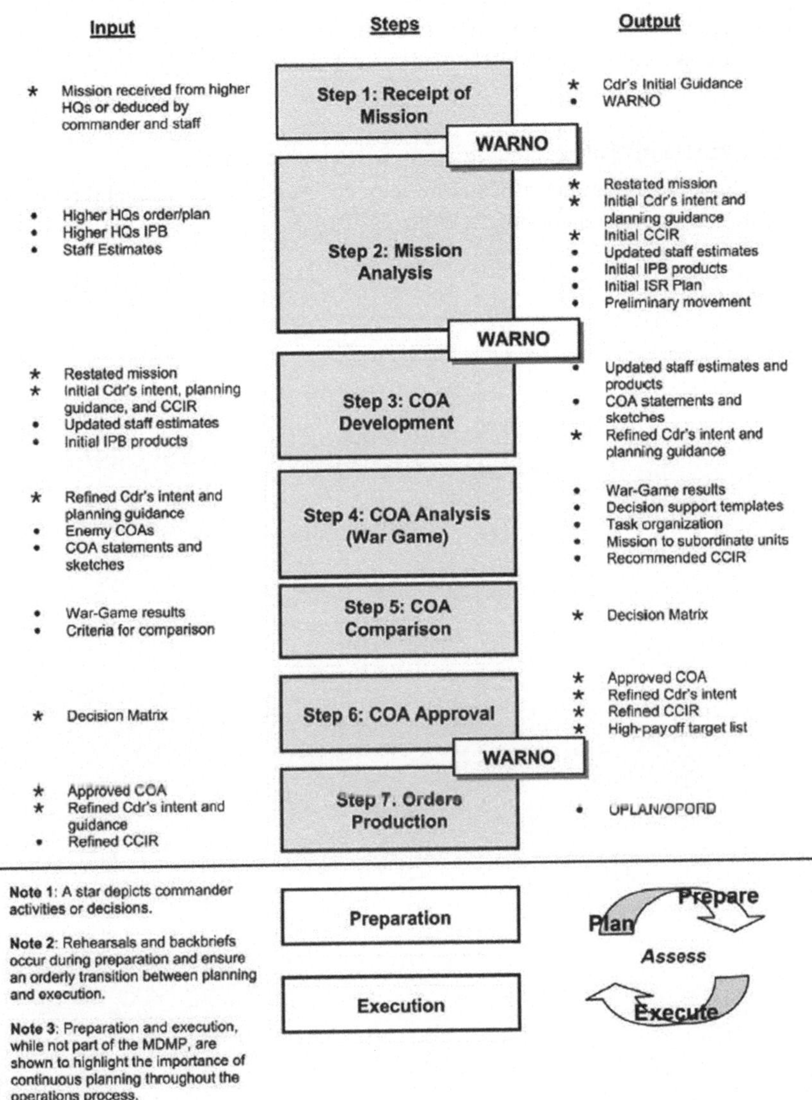

Abb. 4.2 Step-by-Step Inputs und Outputs des Military Decision Making Process (MDMP)

Neben strukturierten Entscheidungshilfen kommen zur Entscheidungsfindung in chaotischen Entscheidungssituationen der Blaulichtorganisationen und militärischen Organisationen wiederum **Heuristiken** wie etwa die **Availability-, Repre-sentativeness-** und **Anchoring-**Heuristic zum Einsatz.

Beispiel: Heuristiken bei militärischen Entscheidungen

„… three important heuristics to military decision making: availability, repre-sentativeness, and anchoring." (Williams 2010, S. 48)

Entscheidungsanomalien strategischer Entscheidungen 5

Die vorangegangenen Kapitel haben sich der Analyse und Darstellung von Entscheidungshilfen für Normale Entscheidungssituationen (NES), Komplexe Entscheidungssituationen (KES) und Chaotische Entscheidungssituationen (CES) gewidmet. Bevor eine Methodik zur Lösung strategischer Fragestellungen formuliert wird, soll zunächst der Blick auf mögliche Entscheidungsverzerrungen bei strategischen Entscheidungen geschärft werden. Das Bewusstwerden von Entscheidungsanomalien und **Entscheidungsschwierigkeiten** soll zu einem besseren Verständnis der im nachfolgenden Kapitel aufgezeigten Entscheidungshilfen für Strategische Entscheidungssituationen (SES) beitragen.

Wie bereits in Kap. 4.2 dargelegt, eignen sich Heuristiken als Entscheidungshilfen für Normale Entscheidungssituationen (NES). Gleichwohl wird auf sie auch als Entscheidungshilfen für Strategische Entscheidungssituationen (SES) zurückgegriffen. Aufgrund der ihnen innewohnenden Entscheidungsverzerrungen (Biases) ist der Einsatz von Heuristiken aber gerade dort, ihrer Folgewirkungen wegen, als äußerst kritisch zu bewerten (Denner 2009, S. 40). Dabei ist es vor allem der deskriptiven Entscheidungsforschung der letzten 50 Jahre im Allgemeinen und der Erkenntnisse der Heuristic- und Bias-Forschung im Speziellen zu verdanken, dass wir zwischenzeitlich ein recht genaues Bild der mit einer Entscheidung verbundenen **Entscheidungsanomalien** haben (Bazerman 2006, S. 379).

Diese **kognitiven Verzerrungen** können bei strategischen Entscheidungen fatale Folgen haben, nicht nur finanzieller Art,

> Das Teuerste im Unternehmen sind Leute, die falsche Entscheidungen treffen – Claus Henning in (Denner 2009) (Buchrückseite).
> … decision-making errors are costly and are growing more costly …. (Milkman et al. 2009, S. 379)

sondern auch aufgrund der von (Mason und Mitroff 1981) aufgebrachten Frage:

© Springer Fachmedien Wiesbaden 2016
A. Beisswenger, *Anatomie strategischer Entscheidungen*, essentials,
DOI 10.1007/978-3-658-12435-9_5

> How do strategists with limited information-processing capacities deal with this complexity in order to make sense of strategic problems?

Vor allem im Umgang mit hochkomplexen Entscheidungssituationen machen Entscheider aber darüber hinaus immer wieder dieselben „Denk- und Entscheidungsfehler". Zwar leistet **der menschliche Verstand** recht brauchbare Arbeit bei der Bewältigung geringer bis mäßiger Komplexität. Wenn jedoch die **Vielzahl** und **Vielschichtigkeit** verbunden mit der **Vernetzung** an wirkenden Einflussgrößen, mit der es Entscheider heutzutage zu tun haben, derart ansteigt, stoßen diese unweigerlich an ihre „Bounded-Rationality" (s. dazu, die von den beiden Nobelpreisträgern (Simon 1957) und (Williamson 1975) entwickelten gedanklichen Grundlagen).

▶ **Definition Bounded-Rationality** Unter Bounded-Rationality versteht man, dass die menschliche Entscheidungsfähigkeit „… durch Ungewissheit über zukünftige Entwicklungen und durch die nur endliche Fähigkeit, Informationen aufzunehmen und zu verarbeiten, eingeschränkt ist. Dies bedeutet: Die Ungewissheit bezüglich der Zukunft und die Komplexität der Umwelt bedingen Grenzen menschlicher Rationalität. Hinzu kommen sprachlich bedingte Grenzen, da jeder Akteur nur über begrenzte Möglichkeiten verfügt, Wissen oder Gefühle durch Worte zum Ausdruck zu bringen" (Wolff 1999, S. 113).

Das menschliche Gehirn ist mit den Anforderungen heutiger Komplexität also schlichtweg überfordert. Es handelt sich bei dieser Eigenart mithin um eine Überforderung der begrenzten menschlichen Verarbeitungskapazität, um eine Informationsüberlastung. Die Folgen derartiger Unzulänglichkeiten menschlicher kognitiver Prozesse für die Entscheidung fasst (Hammond 1998, S. 118) pointiert zusammen:

> The way the human brain works can sabotage our decisions. (Hammond 1998, S. 118)

Das Gehirn des Entscheiders sieht die Komplexität als ein Hindernis des Durchblicks und kapituliert in Anbetracht dessen, mit der fatalen Folge, dass allzu rasche und kurzschlüssige strategische Entscheidungen ausgelöst werden.

> Der Grundgedanke ist, dass bei zunehmender Komplexität der Entscheider vor eine Schwelle der Entmutigung kommt, jenseits derer er rasch und impulsiv entscheidet. (Luhmann 2009, S. 16)

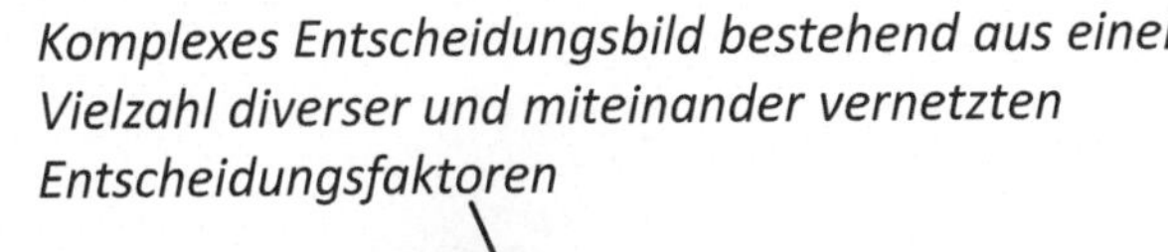

Abb. 5.1 Komplexes Entscheidungsbild

Es hat sich gezeigt, dass Entscheidungen in hochkomplexen Entscheidungssituationen allzu oft lediglich auf Basis von einem oder bestenfalls mehreren Ausschnitten eines umfassenden Entscheidungsbildes getroffen werden (Abb. 5.1).

Der Entscheider sucht vergeblich den Überblick, verliert sich in Details, übersieht wichtige Stellgrößen bzw. berücksichtigt jene mit unklarer Relevanz. Wichtige Beziehungen werden aufgebrochen, Interaktionen und Auswirkungen von relevanten Faktoren einfach vergessen oder/und nicht in der Vernetzung erkannt. Symptome werden statt der Ursachen behandelt. Die Fragestellung, die der Entscheidung vorausgeht, wird gar auf eine Ursache reduziert.

Zusammenfassend lässt sich festhalten, dass unsere Fähigkeit, komplexe Entscheidungssituationen gesamthaft zu erfassen, zu begreifen und erfolgreich zu gestalten, – evolutionär bedingt – nicht besonders gut entwickelt ist.

Entscheidungshilfe für Strategische Entscheidungssituationen (SES)

6

Nunmehr soll folgender Frage nachgegangen werden:

Wie könnte eine Entscheidungshilfe aussehen, die zu einer nutzenoptimalen Entscheidung jenseits der Komplexität führt?

Die Frage lässt sich nicht einfach beantworten. So setzt sich die Managementliteratur bis heute kaum damit auseinander, wie bessere Entscheidungen in komplexen Entscheidungssituationen überhaupt zustande kommen (Hetzler 2005; Bazerman 2006; Rosenzweig 2014). Im Übrigen kommen namhafte Protagonisten der Thematik zu dem Schluss, dass herkömmliche Methoden ihre Problemlösungskraft verloren haben.

Hintergrundinformation

„Besonders tiefgreifend müssen sich unsere Verfahren des Problemlösens, **Entscheidens** und Umsetzens auf allen Gesellschaftsebenen verändern, weil diese so wichtigen **Systeme durch die heutige Komplexität** am meisten gefordert und **überfordert** sind. Die herkömmlichen Methoden haben ihre Problemlösungskraft weitgehend verloren" (Malik 2012), und „die Probleme werden zu komplex, um sie mit bisherigen Methoden zu meistern ..." (Malik 2011).

Das mag auch daran liegen, dass die Anforderungen an die Beantwortung der obigen Frage sehr hoch sind. Die Fülle der miteinander agierenden Entscheidungsgrößen soll der Komplexität angemessen und umfassend sein. Sie sollen auf ein für den Entscheider **verarbeitbares Maß** jenseits der Komplexität reduziert werden. Mit anderen Worten: Es ist eine Entscheidungsmethodik für hochkomplexe Entscheidungssituationen zu entwickeln, jenseits der der Entscheider zu einer nutzenoptimalen Entscheidung kommt, ohne vorher diesseits der Komplexität vor dieser zu kapitulieren.

Die umfassenden Anforderungen, welche an eine Entscheidungshilfe für Strategische Entscheidungssituationen (SES) gestellt werden, sollen anhand eines Mo-

© Springer Fachmedien Wiesbaden 2016
A. Beisswenger, *Anatomie strategischer Entscheidungen*, essentials,
DOI 10.1007/978-3-658-12435-9_6

dells als erfolgversprechende Grundlage erklärt werden. Der Lösungsansatz besteht im Wesentlichen aus vier Schritten auf dem Weg zu einer nutzenoptimalen strategischen Entscheidung jenseits der Komplexität:

In einem **ersten Schritt** (Kap. 6.1) wird ein **komplexes Entscheidungsbild** durch eine möglichst vollständige Erfassung der Sachdimension mittels des **Drei-Ebenen-Konzepts** geschaffen. In einem **zweiten Schritt** (Kap. 6.2) erfolgt eine konsequente **Komplexitätsreduktion** mit Hilfe des **Simblexity®-Trichtermodells.**

Der **dritte Schritt** (Kap. 6.3) zeigt die **visualisierte Synthese** der priorisierten Entscheidungsfaktoren anhand der **PE4F-Matrix.**

In einem **vierten Schritt** (Kap. 6.4) wird die **strategische Makroentscheidung** auf Basis der visualisierten Synthese getroffen.

Die Abb. 6.1 dient der Veranschaulichung dieser vier Schritte. Sie wird im Folgenden abschnittsweise beschrieben.

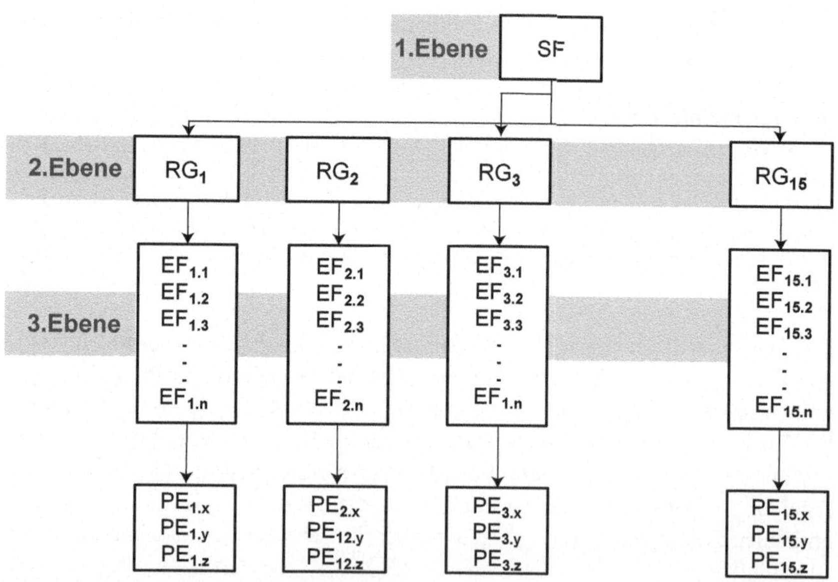

Abb. 6.1 Drei-Ebenen-Konzept. (Nomenklatur: *SF* Strategische Fragestellung (1. Ebene), *RG$_n$* Referenzgröße n, mit *n*=1 bis maximal 15, *EFn.m* Entscheidungsfaktoren aus Referenzgröße n, mit m=1 bis maximal 50, PE$_{n.1,2,3}$=1v2v3 Priorisierter Entscheidungsfaktor aus Referenzgröße n)

6.1 Schaffung eines komplexen Entscheidungsbildes/ Drei-Ebenen-Konzept

Die Schaffung eines komplexen Entscheidungsbildes ist erforderlich, um alle entscheidungsrelevanten Faktoren der anstehenden strategischen Entscheidung im Sinne des im 2. Kapitel beschriebenen Wortfeldes der Komplexität zu erfassen. Unterbleibt dieses, besteht die Gefahr, dass entscheidungsrelevante Faktoren von vorneherein nicht berücksichtigt werden.

6.1.1 Erste Ebene/Strategische Fragestellung

Der strategischen Entscheidung geht eine Strategische Fragestellung voraus.

Beispiele für strategische Fragestellungen

Wie kann die Wettbewerbsfähigkeit unseres Produktes X langfristig gesteigert werden?

Für unsere Internationalisierungsstrategie benötigen wir einen Standort im NAFTA-Raum. Welcher von drei möglichen Standorten hat die größere Attraktivität?

Welches Unternehmen ist der geeignete Kooperationspartner für unsere Penetrationsstrategie in Land Y?

6.1.2 Zweite Ebene/Festlegung der Referenzgrößen

Die zweite Ebene besteht aus sogenannten Referenzgrößen.

Im Prinzip kann die gesamte Betriebswirtschaft als Entscheidungstheorie aufgefasst werden, geht es doch hier praktisch immer um das Fällen der jeweils ‚richtigen‘ Entscheidung. (Dörsam 2007, (Vorwort))

▶ **Definition Referenzgrößen** Referenzgrößen sind wichtige betriebswirtschaftliche Kategorien (s. nachfolgendes Beispiel, sowie Beispiele in Tab. 6.1) für die Beurteilung und Beantwortung der strategischen Fragestellung.

Tab. 6.1 Ausschnitt von Referenzgrößen und deren entscheidungsrelevanten Faktoren

Referenzgröße	Entscheidungsrelevante Faktoren
Produktattraktivität	Projektdefinition, Adaptivität, Modularisierbarkeit, Funktionserfüllung, Diagnostizierbarkeit, Robustheit, Substitutionschance, Abmessungen, Funktionserfüllung, Kompatibilität zur Unternehmenskultur, …
Marktattraktivität	Branchenrentabilität, Zugänglichkeit anderer Marktteilnehmer, Eintrittsbarrieren für neue Anbieter, Grad der Lieferantenbindung, Störanfälligkeit der Energie- u. Rohstoffversorgung, …
Technologieattraktivität	Weiterentwicklungspotential, Anwendungsbreite, Technologiestufen, Technologiepotentialrelevanz, Differenzierungspotential, Synergiepotential, Gefahr Ersatzprodukte, Technologiestufen, …
Kundenattraktivität	Reklamationsverhalten, Customer-Life-Time-Value, Kundenbindungskosten, Cross- und Up-Selling-Potential, Loyalitätsleiter, Verwendungskenntnis, Serviceansprüche, …
Standortattraktivität	Unternehmensfreundlichkeit der kommunalen Verwaltung, Verkehrsanbindung, Image der Stadt/Region, Verfügbarkeit Flächen, Subventionen Fördermittel, qualifizierte Arbeitnehmer, …
Rentabilität	Eigenkapitalrentabilität, Fremdkapitalrentabilität, Gesamtkapitalrentabilität, ROCE, RoI, Umsatzrentabilität, Dividendenrendite, …
Produktivität	Arbeitsproduktivität, Maschinenproduktivität, …
GuV	Abschreibungsintensität, Bruttomarge, EBITDA, NOPAT, NOPLAT, Personalaufwandsquote, Rohergebnis, Zinsdeckungsgrad, …
Sonstige betriebswirtschaftliche Kennzahlen	Börsenkapitalisierung, Börsenwert, Umschlagshäufigkeit der Forderungen, Verbindlichkeiten, der Vorräte, Cashflow, KGV, …
Bilanzkennzahlen	Anlagenintensität, Umlaufintensität, Eigenkapitalquote, Fremdkapitalquote, Working Capital, Liquiditätsgrade, goldene Bilanzregel u. Finanzierungsregel, …
Wettbewerbsniveau	Käuferloyalitäten, überschüssige Liquidität, unausgelastete Produktionskapazität, schwaches Branchenwachstum, Kampf um Marktanteile, heterogener Wettbewerb, hohe strategische Einsätze, …

Tab. 6.1 (Fortsetzung)

Referenzgröße	Entscheidungsrelevante Faktoren
Verhandlungsmacht des Kunden	Abnehmergruppe konzentriert, Produkte bilden hohen Anteil an Gesamtkosten, Abnehmer drohen mit Rückwärtsintegration, Käufer ist über Kosten des Lieferanten informiert, …
Verhandlungsmacht des Lieferanten	Konzentration Lieferantengruppe (Einfluss auf Preise, Qualität, …), Substitutionspotential, wichtiger Input für Abnehmer, Lieferantengruppe kann glaubwürdig mit Vorwärtsintegration drohen, …
Soziokulturell	Veränderung der menschlichen Grundbedürfnisse, Freizeitverhalten, Arbeitsmentalität, Mobilität, Sparneigung, Sicherheitsstreben, Konsumgewohnheiten, Einflüsse von Ethik und Religion, …
Ökonomisch	Bruttosozialprodukt, verfügbare Einkommen, öffentl. Finanzen (Staatsquote, Verschuldung, …), Investitionstätigkeit des privaten und öffentlichen Sektors, Außenhandelsentwicklung, Terms of Trade, …
Global	Attraktivität neuer industrialisierter Länder, bedeutende grenzüberschreitende Märkte, unterschiedliche kulturelle Attribute, …
Technologisch	Verfügbarkeit von Energie, Rationalisierungstechnologien, Substitutionstechnologien, Entwicklung von Schlüsseltechnologien, Verfügbarkeit ökologischer Ressourcen (Wasser, Boden, Luft), …
Politisch-rechtlich	Konflikte, Stabilität des gesellschaftlichen und politischen Systems, Rechtssicherheit, Produzentenhaftung, Arbeitsrecht, Steuerpolitik, Protektionismus, Patentrecht, Regulation/Deregulation, …

Beispiel: Ermittlung von Referenzgrößen

Für die Fragestellung „Sollen wir uns für unsere Internationalisierungsstrategie für einen Standort im NAFTA-Raum entscheiden? Und wenn ja, welcher von zwei Standorten hat die größere Attraktivität?"

sind beispielsweise Referenzgrößen wie Marktattraktivität, Standortfaktoren, Wettbewerbsniveau vor Ort, Kundenattraktivität, Technologieattraktivität etc. von Bedeutung.

▶ **Tipp** Dabei hat es sich in der Praxis als hilfreich erwiesen, dass Referenzgrößen zunächst – entsprechend der strategischen Fragestellung – vorgegeben werden. Es ist für die Kreativität dieses gemeinsamen Suchprozesses mitunter hinderlich, sich noch mit verschiedenen theoretischen Modellen, betriebswirtschaftlichen Ansätzen und Konzepten auseinanderzusetzen, wie sie den Referenzgrößen zugrunde liegen.

Die Anzahl der ausgewählten Referenzgrößen aus dem „Meer an Möglichkeiten" sollte dabei, abhängig von der strategischen Fragestellung, <15 betragen. Die Auswahl selbst orientiert sich an folgender Leitfrage:

▶ **Definition der Leitfrage für die Auswahl der Referenzgrößen** „Welche Referenzgrößen müssen wir auswählen, die für die Beantwortung der strategischen Fragestellung wirklich erforderlich sind?"

6.1.3 Dritte Ebene/Relevante Entscheidungsfaktoren

Jede auf der vorherigen Ebene festgelegte Referenzgröße kann wiederum aus – **n** -potentiell entscheidungsrelevanten Faktoren bestehen. In der Praxis hat es sich jedoch bewährt, die Anzahl der Faktoren auf **max. 50** zu begrenzen. Die Leitfrage für die Auswahl der potentiell relevanten Entscheidungsfaktoren lautet:

▶ **Definition der Leitfrage für die strategisch relevanten Entscheidungsfaktoren** „Welche strategisch relevanten Entscheidungsfaktoren müssen wir kennen, um bei dieser strategischen Frage zu einer nutzenoptimalen Entscheidung zu kommen?"

Ebenso wie bei der Auswahl der Referenzgrößen kann das Brainstorming von unternehmensspezifischen relevanten Entscheidungsfaktoren durch eine Vorgabe von Faktoren unterstützt werden.

6.2 Konsequente Komplexitätsreduktion/Der Simblexity® -Entscheidungstrichter

Das in Kap. 6.1 entwickelte komplexe Entscheidungsbild ist der Ausgangspunkt für die nun vorzunehmende Komplexitätsreduktion. Das Entscheidungsbild muss auf ein für den Entscheider verarbeitbares Maß reduziert werden, damit dieser nicht in Anbetracht des komplexen Entscheidungsbildes kapituliert.

Der weiteren Vorgehensweise liegt der Simblexity®-Entscheidungstrichter zugrunde (Abb. 6.2). Das Trichtermodell besteht aus drei **Primärfunktionen**, welche die Frage nach dem „**Was**" beantworten. Diese **Primärfunktionen** sind über den gesamten Trichter hinweg von den **Support-Funktionen**, welche die Frage nach dem „**Wie**" beantworten, überlagert.

6.2.1 Primär-Funktionen

Filtertor 1: Dekomposition
Die Dekomposition basiert auf der Annahme der präskriptiven Entscheidungstheorie, wonach sich ein „schwieriges Entscheidungsproblem" besser lösen lässt, wenn man es in „einzelne Komponenten zerlegt" (Eisenführ et al. 2010, S. 20). Übertragen auf die hier angewandte Sichtweise strategischer Entscheidungen bedeutet dies, dass sich der strategische Entscheidungsprozess aus einer Kombination vieler Einzelentscheidungen zusammensetzt.

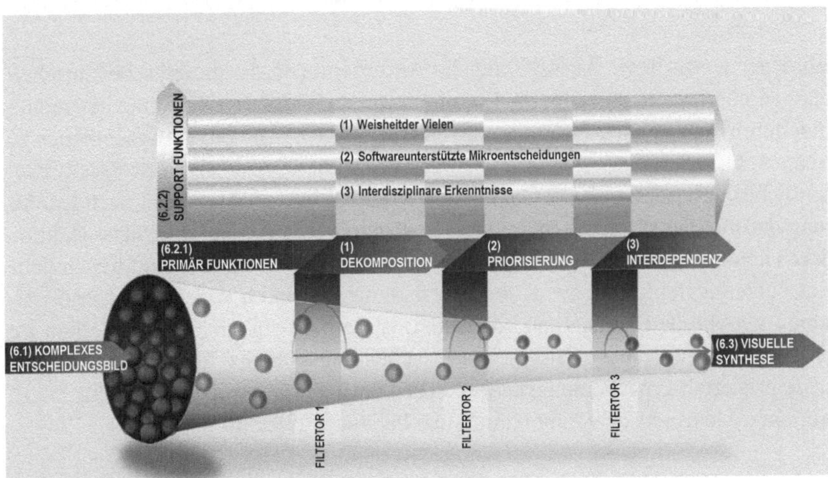

Abb. 6.2 Simblexity®-Entscheidungstrichter für SES

▶ **Definition: Strategische Makroentscheidung und Mikroentscheidungen**
Der strategischen Fragestellung liegt ein „schwieriges Entscheidungsproblem" zugrunde. Die dafür zu treffende Entscheidung wird fortan als **strategische Makroentscheidung** bezeichnet. Diese wird nach der hier entwickelten anatomischen Betrachtungsweise strategischer Entscheidungen in eine „Vielzahl einzelner Komponenten" zerlegt, die sog. **Mikroentscheidungen**. (Quelle: Autor)

Das Verständnis einer Makroentscheidung, welche aus einer Vielzahl von Mikroentscheidungen besteht, stellt das zentrale Lösungselement der Anatomie strategischer Entscheidungen dar. Ausgehend von jeweils zwei entscheidungsrelevanten Faktoren werden Mikroentscheidungen getroffen. Der Vorgang ist kognitiv, durch die Reduzierung des menschlichen Entscheidungsaufwandes viel leichter zu erfassen. Der Entscheider stößt trotz eines umfassenden Entscheidungsbildes nicht an die Grenze seiner Bounded-Rationality.

Die vielen Mikroentscheidungen (methodisch bedingt können theoretisch bis zu 325 Mikroentscheidungen anfallen) reduzieren als Nebeneffekt die durch Entscheidungsanomalien bedingten Risiken.

Filtertor 2: Priorisierung
Von dem Militärstrategen, US-General und späteren Friedensnobelpreisträger George C. Marshall stammt folgende Definition von Strategie:

▶   **Wichtig**
    Strategy, after all, involved the establishment of priorities and the application of
    limited resources … George C. Marshall in (Stoler 1989, S. 171)

Wird der Kern dieser Aussage auf die Anforderungen an strategische Entscheidungen übertragen, so bedeutet dies die bewusste und aktive Komplexitätsreduktion durch konsequente Priorisierung. Das Wesentliche ist vom Unwesentlichen zu trennen. Es hat eine Konzentration auf das Wesentliche zu erfolgen, so dass Unwesentliches unbeachtet bleibt. Die Herausforderung besteht darin, erst nach Ermittlung der möglichst umfassenden Gesamt-Komplexität die Komplexitätsreduktion durch konsequente Priorisierung vorzunehmen. Die Konzentration auf wesentliche Entscheidungsfaktoren bzw. Komplexitätsreduktion durch konsequente Priorisierung (nicht bloße Egalisierung von Daten) ist deshalb ein wichtiges Kriterium für die Ausgestaltung eines strategischen Entscheidungssystems. Letztlich sind nur die so priorisierten Entscheidungsfaktoren (PE) entscheidungsrelevant und für die zu treffende Makroentscheidung unmittelbar handlungsrelevant.

Filtertor 3: Interdependenzanalyse

Die **Interdependenz** als integraler Bestandteil der sachlichen Komplexität erfordert die Berücksichtigung der Faktorenvernetzung. Dazu sei der ehemalige Leiter des Max-Planck-Institutes für Quantenphysik in München Prof. Dr. Hans Peter Dürr zitiert:

> Was man das Ganze nennt, das schließt nicht nur die Teile ein, sondern auch die Beziehung unter diesen Teilen ein – was man auch immer unter Teilen verstehen mag. (Dürr 2008)

Jede komplexe Entscheidungssituation ist das Resultat einer Vielzahl miteinander agierender Entscheidungsgrößen. Eine geeignete Art der Erfassung der Situation kann dabei nicht in Checklisten mit unterstellten einfachen Ursache-Wirkungs-Zusammenhängen erfolgen. Es geht vielmehr um das Aufspüren der inneren Verbindungsfäden durch die Verknüpfung der PE-Faktoren.

Es bedarf mithin eines Ansatzes zur Erfassung der direkten Beziehungen oder Beeinflussungen. Da nicht alle Beziehungen gleich stark wirken und somit nicht gleich bedeutend sind, werden diese anschließend in ihrer Wirkung bewertet. Der sich daraus ergebende quantitative Grad der Vernetzung wird fortan als **Interdependenzgrad** bezeichnet. Deutlich wird dies anhand der zentralen Interdependenz-Fragestellung:

▶ **Interdependenz-Fragestellung** „Kommt es zu einer Veränderung des Entscheidungsfaktors PE.x, wie stark oder wie schnell verändert sich durch dessen direkte Einwirkung der Faktor PE.y?"

Die Quantifizierung der Fragestellung erfolgt mittels des folgenden Bewertungsschemas.

▶ **Bewertungsschema: Quantifizierung des Interdependenzgrades** Die Bewertung des Einflusses erfolgt anhand der folgenden Skala:

- **0** = keine oder sehr schwache Wirkung
  - Wenn sich PEx sehr stark verändert, wirkt sich dies gar nicht oder nur sehr schwach auf PEy aus.
- **1** = schwache oder zeitlich verzögerte Wirkung
  - Wenn sich PEx verändert, wirkt sich dies schwach auf Faktor PEy aus.
- **2** = mittlere Wirkung
  - Wenn sich Faktor PEx stark verändert, beeinflusst das den Faktor PEy mit mittlerer Stärke.
- **3** = starke oder sehr starke Wirkung
  - Wenn sich PEx leicht verändert, wirkt sich dies sehr stark auf Faktor PEy aus.

Daraus ergibt sich ein Bild von PE-Faktoren, die eher einen hohen oder eher einen niedrigen Interdependenzgrad aufweisen. Das bedeutet, dass PE-Faktoren, die andere nur schwach beeinflussen, selbst aber von anderen stark beeinflusst werden, eine – relativ betrachtet – eher geringe strategische Bedeutung haben. PE-Faktoren, welche andere hingegen stark beeinflussen, selbst aber von anderen ebenfalls stark beeinflusst werden, haben eine – relativ betrachtet – höhere strategische Bedeutung.

6.2.2 Support-Funktionen

(1) Weisheit der Vielen
Sammelt ein einzelner Entscheider viele Informationen und trifft er alleine eine „strategische Entscheidung", so ist höchst zweifelhaft, ob er tatsächlich eine umfassende und nutzenoptimale strategische Entscheidung gefunden hat. Die strategische Einzelentscheidung birgt vor dem Hintergrund der anatomischen Sichtweise strategischer Entscheidungen die Gefahr, dass einzelnen – durchaus entscheidungsrelevanten – Faktoren subjektiv zu viel Gewicht beigemessen wird. Strategische Entscheidungen sollten deshalb nicht in das subjektive Ermessen eines Einzelnen fallen.

> **Beispiel: Die Problematik einer strategischen Einzelentscheidung**
>
> 1. Der Entscheider einer strategischen Einzelentscheidung wird kaum frei sein von persönlichen Vorurteilen und Neigungen, politischen Beeinflussungen und Emotionen.
>
> 2. Der Entscheider wird Schwierigkeiten haben, seine Entscheidung mit überzeugender Logik oder sogar expliziten Entscheidungsfaktoren zu begründen.
> 3. Der Entscheider wird darüber hinaus Schwierigkeiten haben, seine eigene Erfahrung einerseits und die seiner Mitarbeiter andererseits zusammenzubringen.
> 4. Eine strategische Einzelentscheidung wird schwerlich für zukünftige Lernzwecke nachvollziehbar sein.

Je mehr die Strategieentwicklung als kontinuierliche Entwicklungsaufgabe, an der nicht nur Führungskräfte zu beteiligen sind, wahrgenommen wird (Nagel und Wimmer 2004), desto augenscheinlicher muss dies für den strategischen Entscheidungsprozess als solchen gelten. Gerade strategische Entscheidungen, die Beurteilungs-, Interpretations- und Entscheidungskompetenzen erfordern, sollten unter Beteiligung mehrerer Funktionsträger auf unterschiedlichen Hierarchieebenen getroffen werden.

Denn von oben vorgegebene Standards oder Selektionsregulative bei hochkomplexen Entscheidungssituationen reichen nicht aus, um relevante Entscheidungsfaktoren in ein differenziertes Entscheidungsbild zu integrieren. Ferner wird ein „commitment" für die Entscheidung geschaffen, indem konträre Meinungen und Interessen in eine gemeinsame Entscheidung integriert werden. Schließlich werden die mit subjektiv geprägten Einzelentscheidungen verbundenen Risiken minimiert.

(2) Softwareunterstützte Mikroentscheidungen
Der Entscheider wird mittels Simblexity®-Software zum einen zur Einhaltung von Entscheidungsregeln angehalten und zum anderen in die Lage versetzt, in kürzester Zeit sehr viele Mikroentscheidungen zu treffen.

(3) Interdisziplinäre Erkenntnisse
Ein Blick in die Literatur verschiedener Wissenschaftsbereiche zeigt, dass sich unterschiedliche Disziplinen entweder direkt oder indirekt mit komplexen Entscheidungssituationen beschäftigen. Die gewonnenen Erkenntnisse verbleiben aber in der jeweiligen Disziplin. Sie werden allenfalls nur vereinzelt wahrgenommen und somit nicht interdisziplinär in ihren Zusammenhängen behandelt. Eine unverständliche Tatsache, zumal die Diversität ja immanenter Bestandteil des Komplexen ist. Dies führt, nach Auffassung des Autors, mit geradezu innerer Notwendigkeit dazu, dass für die Zielerreichung der Eingangsfrage von Kap. 6 traditionelle Forschungsgrenzen überwunden werden sollten.

Für den Simblexity®-Entscheidungstrichter bedeutet dies, dass beim „**Wie**" auch unterschiedlichste Wissenschaftsbereiche, welche sich im Hinblick auf komplexe Entscheidungsprozesse durch einen Erkenntnisgewinn auszeichnen, angewandt werden. So finden Denkansätze, disziplinübergreifende Erkenntnisse, sich daraus ergebende verbindende Muster, mögliche Berührungspunkte oder Überschneidungen aus unterschiedlichen Wissenschaftsgebieten Berücksichtigung. Beispielhaft genannt seien:

- die **Neuropsychologie und Neurophysiologie**

> ▶ **Wichtig**
> Bloß nicht lange nachdenken. In allen Fällen gilt: Wir entscheiden dann besonders gut, wenn wir nicht darüber nachdenken. (Gigerenzer 2007)

▶ **Wichtig** Dank der Sichtbarmachung der neuronalen Aktivitäten durch das MRT ist der wissenschaftliche Nachweis erbracht. Der bewusste Verstand, mit seiner „Bounded-Rationality", stellt nur einen Ausschnitt der riesigen Verarbeitungskapazität des menschlichen Gehirns dar. Der bewusste Verstand schafft gerade vierzig Sinneseindrücke gleichzeitig zu verwalten. Alles Weitere muss den Gehirnarealen unterhalb des Cortex (Großhirnrinde) überlassen werden. Alle Gehirnaktivitäten, die unterhalb des Cortex stattfinden, sind unbewusst (Storch 2008, S. 19). In den Gebieten unterhalb der Großhirnrinde, im Unbewussten also, befindet sich das, was die Psychologie als „hochkonzentriertes Wissen" (Gigerenzer 2003) oder „… einen Wissensspeicher von unschätzbarer Qualität" (Storch 2008, S. 20) bezeichnet.

▶ **Wichtig**
The brain's structure has been laid out in general as different hierarchies serving as components within a larger neutral network. This is a highly flexible structure arrived at through evolution. Perhaps it is not so surprising that the way we think about decisions and the way our brain is structured are similar. (Saaty 2000, S. 16)

▶ **Wichtig**
Es wird immer deutlicher, dass wir nach der Identifikation der Eigenschaften von Objekten jetzt mehr Gewicht legen müssen auf die Beschreibung der relationalen Bedingungen. (Prof. Dr. Dr. Wolf Singer, Direktor der Abteilung für Neurophysiologie am Max-Planck-Institut für Hirnforschung in Frankfurt am Main)

Bereits aufgezeigt wurden die **Neuere Ökonomie** (Kahnemann 2012), die **Sozialwissenschaften** (Luhmann 2009) und die **Quantenphysik** (Dürr 2014).

6.3 Visuelle Synthese

Mithilfe der bisherigen Analyse wurden die **Priorität** eines Entscheidungsfaktors sowie dessen Grad an **Interdependenz** ermittelt. In einem **dritten Schritt** erfolgt so kompakt wie möglich eine Überführung in die visuelle Synthese. Dazu wird auf der Abszisse die Position des Dynaxitäts-Index des jeweiligen Entscheidungsfaktors, auf der Ordinate die Priorität des Entscheidungsfaktors aufgetragen.

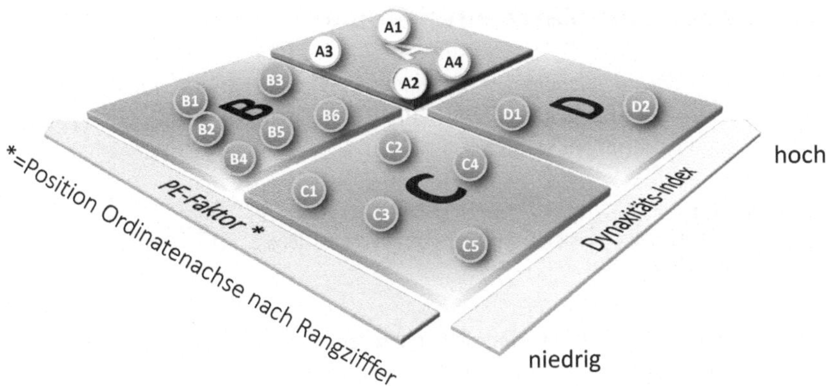

Abb. 6.3 Visuelle Synthese, PE4F-Matrix

▶ **Definition: Dynaxitäts-Index** Der Dynaxitäts-Index ist ein Maß für den Grad der Interdependenz im gesamten Entscheidungsbild. Ein hoher Dynaxitäts-Index bedeutet, dass dieser Faktor sehr stark im gesamten Entscheidungsbild vernetzt ist. Der Dynaxitäts-Index beinhaltet die Zeitdimension und gilt somit auch als Maß für die Dringlichkeit eines Lenkungseingriffs.

Die Positionierung der einzelnen PE-Faktoren erfolgt durch eine Übertragung der für die **Rangfolge der Priorität** und den **Dynaxitäts-Index** jeweils ermittelten Werte in die Systematik der **PE4F**-Matrix (s. Abb. 6.3).

Die PE-Faktoren, welche im **A**-**Feld** positioniert sind, zeigen die höchste strategische Relevanz, eine höhere Dynamik sowie verborgene Hebelkräfte als Faktoren der anderen Felder. Bei den im **A-Feld** liegenden Faktoren müssen mit höchster Dringlichkeit Lenkungseingriffe vorgenommen werden. Die Faktoren in diesem Feld dienen zur Ableitung vorrangiger strategischer Handlungsfelder für die strategische Makroentscheidung, die im folgenden Kapitel dargestellt wird.

Von den bis zu max. **45 PE**-Faktoren werden, auch aus Gründen der Darstellung, nur diejenigen in die **visuelle Synthese** aufgenommen, welche es auf das **A-Feld** geschafft haben. Es sind die im **A-Feld** liegenden Entscheidungsfaktoren, welche die eigene Wettbewerbsposition festigen bzw. ausbauen oder potentielle neue Konkurrenten von einem Markteintritt abhalten. Zusammengefasst sind es die Entscheidungsfaktoren, welche unter Einbeziehung in die strategische Makroentscheidung zur zukünftigen Wertsteigerung des Unternehmens beitragen.

6.4   Strategische Makroentscheidung

Mit der in der Praxis entstandenen Methode der visualisierten Synthese der PE-Faktoren kann die strategische Fragestellung nun, ganz im Sinne von (Palmer 1999), zügig durchdrungen werden.

► **Wichtig**
… Strategy is a process of synthesis, a process of debate, discussion, exchange. (Palmer 1999, S. 101)

Die Unterschiede in den einzelnen PE-Faktoren und deren zugrunde liegenden Mikroentscheidungen sind veranschaulicht und lassen sich nunmehr diskutieren. Aufgrund der mit den vielen Mikroentscheidungen verbundenen **Subjektivität** kann es in der Praxis dazu kommen, dass unterschiedliche Entscheider oder Entscheider-Gruppen zu unterschiedlichen Einschätzungen kommen. Hierdurch wird jedoch das im Unternehmen vorhandene Wissen mobilisiert, werden zusätzliche Perspektiven und Interessen offengelegt. Die Intensität der Beschäftigung aller beteiligten Entscheider über ihre **Mikroentscheidungen** konzentriert das strategische Denken. Die gegenläufigen Ansichten und Einschätzungen der beteiligten Entscheider werden in einem strukturierten, systematischen **Mediationsprozess** transparent gemacht und letztlich zu einer gemeinsamen strategischen Makroentscheidung aggregiert.

► **Definition Mediation strategische Makroentscheidung** Die Mediation der strategischen Makroentscheidung ist ein strukturiertes, entscheidungsorientiertes (kein transformatives) Verfahren. Der Mediator, ohne eigene Entscheidungskompetenz unterstützt die Entscheider, auf Basis der visuellen Synthese, bei der strategischen Makroentscheidung. Die dazu erforderliche Mediationskompetenz baut auf den Wirkprinzipien von Verhandlungen auf und setzt sie in ein Ablaufschema.

Mit der auf diese Art und Weise geschaffenen Klarheit dessen, was zu tun ist, wird der Startblock für eine schnelle und zielgerichtete Umsetzung der **strategischen Makroentscheidung** gelegt.

Fazit

1. Komplexität zeichnet sich vor allem durch zwei zentrale Komponenten aus: einerseits die Mehrdimensionalität aus Sach- und Zeitdimension, andererseits die Komplexität der Entscheidungssituation selbst. Die Kombination von Mehrdimensionalität und Komplexität der Entscheidungssituation ermöglicht – ausgehend von dem Grad der Komplexität – den Brückenschlag zu einer Vierfeld-Entscheidungsmatrix bestehend aus Normalen (NES), Komplizierten (KES), Chaotischen (CES) und Strategischen (SES) Entscheidungssituationen.

2. Während Entscheidungshilfen für die drei erstgenannten Entscheidungssituationen durch eine Vielzahl von Methoden, Vorgehensweisen und Instrumenten entwickelt worden sind, sind Entscheidungshilfen für Strategische Entscheidungssituationen (SES) bislang kaum formuliert worden. Die Anforderungen an eine Entscheidungshilfe für diese Entscheidungssituationen sind hoch. Eine leistungsfähige Entscheidungshilfe sollte die relevanten Entscheidungsfaktoren zu einem Entscheidungsbild verbinden, welches den komplexen und somit multiplen, verschiedenartigen und interdependenten Aspekten strategischer Entscheidungen gerecht wird.

Die Anforderungen sowie die Entscheidungsanomalien strategischer Entscheidungen weisen den Weg zu einer Entscheidungshilfe für Strategische Entscheidungssituationen (SES):

Diese sollte in der Praxis einsetzbar sein und sich von den teilweise schwer nachvollziehbaren Elaboraten der präskriptiven und deskriptiven Entscheidungstheorie und -forschung unterscheiden. Die Entscheidungshilfe sollte bereits vom Ansatz her eine willkürliche, reduktionistische Betrachtungsweise vermeiden und die Wechselwirkung der unterschiedlichen Entscheidungsfaktoren berücksichtigen. Denn eine unzureichende Berücksichtigung der Wechsel-

© Springer Fachmedien Wiesbaden 2016

A. Beisswenger, *Anatomie strategischer Entscheidungen*, essentials,

DOI 10.1007/978-3-658-12435-9_7

wirkung ist häufig Ursache für unzulängliche bzw. suboptimale Entscheidungen in hochkomplexen Entscheidungssituationen. Die Entscheidungshilfe sollte das in Unternehmen vorhandene, jedoch zerstreute Wissen mobilisieren und die Weisheit der Vielen integrieren. Auf diese Weise wird dem Grundproblem subjektiv geprägter strategischer Entscheidungen begegnet, zumal strategische Entscheidungen eines Einzelnen auf „wackeligen Beinen" stehen.

Auch die zu den Quadranten II. bis IV. gewonnenen Erkenntnisse fließen in die Entwicklung der strategischen Entscheidungshilfe ein. Dies gilt für den Heuristic&Bias-Ansatz aus den Normalen Entscheidungssituationen (NES), der bei den zahlreichen zu treffenden Mikroentscheidungen zur Anwendung kommt und mögliche Entscheidungsanomalien nicht nur bewusst macht, sondern diese reduziert. Dies gilt aber auch für den „step-by-step"-Ansatz aus den Entscheidungshilfen der Chaotischen Entscheidungssituationen (CES). Dieser dient u. a. der Einhaltung, Sicherstellung und Nachvollziehbarkeit von Entscheidungsregeln und somit der Rechtfertigung. Dies gilt zudem für die Generierung von Referenzgrößen und deren potentiellen Entscheidungsfaktoren aus den Teilentscheidungshilfen der Komplizierten Entscheidungssituationen (KES).

3. Auf interdisziplinär wissenschaftlicher Basis wird eine Methode vorgestellt, welche sich an den Bedürfnissen der Entscheidungspraxis orientiert. Die Gleichung geht auf: Das Potential unterschiedlichster Perspektiven zu einer umfassenden Sichtweise für strategische Entscheidungen wird genutzt. Die Intensität der Beschäftigung konzentriert das strategische Denken und macht gegenläufige Ansichten transparent. Es wird ein systematischer Lernprozess durch ein ständiges Verfolgen der Entscheidungen initiiert und ermöglicht. Die vielen Mikroentscheidungen liegen transparent und nachvollziehbar vor, so dass diese immer wieder vor dem Hintergrund aktueller Entwicklungen überprüft werden können. Auf diese Weise lässt sich zum einen eine Unterminierung der Rechtfertigungsgrundlage der getroffenen Entscheidung verhindern. Einmal getroffene Entscheidungen sind weniger anzweifelbar oder gar angreifbar. Zum anderen kann so sichergestellt werden, dass unvorhergesehene Entwicklungen rechtzeitig erkannt und gegebenenfalls Korrekturen der Mikroentscheidungen vorgenommen werden können. Strategische Entscheidungen können damit zeitgerecht getroffen werden, was in einem dynamisch-komplexen Umfeld einen signifikanten Wettbewerbsvorteil bedeuten kann.

4. Letztlich können so Entscheidungsvorschläge generiert werden, welche die Basis für die „Strategische Makroentscheidung" darstellen. Damit geht ein höherer Wirkungsgrad von nachgeschalteten Umsetzungsprozessen einher.

Gleichwohl wird nicht verkannt, dass die aufgezeigte Lösungshilfe für strategische Entscheidungen nicht in allen Unternehmen und Organisationen einfach umgesetzt werden kann.

Ich hoffe, dass der Leser dieses *essentials* darin einige Ideen, Ansätze und Vorschläge findet, welche er übernehmen oder in modifizierter Form umsetzen kann. Zumindest sollte sich der Entscheider, der die aufgezeigte Komplexität meistern will, mit der Frage der aktiven Gestaltung eines strategischen Entscheidungsprozesses auseinandersetzen.

Literatur

Bazerman, M. (2006). *Judgement in managerial decision making*. Wiley: Boston.

Denner, C. (2009). *Die Psychologie strategischer Entscheidungen*. Marburg: Tectum.

Dörsam, O. (2007). *Grundlagen der Entscheidungstheorie*. Heidenau: PD-Verlag.

Dürr, H. P. (2014). *Wir erleben mehr als wir begreifen – Quantenphysik u. Lebensfragen* (7. Aufl., S. 13). Fribourg: Herder.

Dürr, H. P. (kein Datum). Chaotisches Pendel. m.youtube.com/watch?v=6xQwigln05Q.

Ferguson, A. (2015). *Leading*. London: Hodder & Stoughton.

Gabler Versicherungslexikon. http://www.versicherungsmagazin.de/Definition/34055/strategische-entscheidungen.html. Zugegriffen: 11. August 2015.

Gigerenzer, G. (2007). *Bauchentscheidungen – Die Intelligenz des Unbewussten und die Macht der Intuition*. München: Goldmann.

Gilbert, D. (17. Februar 2012). HarvardScience – Science and Engineering at Harvard University. http://news.harvard.edu: http://news.harvard.edu/gazette/story/2012/02/right-choice-but-not-the-intuitive-one. Zugegriffen: 20. März 2012.

Gilovic, T. D. (2002). *Heuristics and biases: The psychology of intuitive judgement*. Cambridge: Cambridge University Press.

Goldstein, D. G. (2002). Models of ecological rationality: The recognition heuristic. *Psychological Review, 109*(1), 75–90.

Graf, H. G. (1999). *Prognosen und Szenarien in der Wirtschaftspraxis. Zürich, Verlag Neue Züricher Zeitung, 1999* (S. 104). Zürich: Neue Züricher Zeitung.

Hammond, J. (1998). The hidden traps in decision making. *Harvard Business Review,* Sept.-Oct., 118–127.

Hetzler, S. (August 2005). Die Architektur richtiger Enstcheidungen. *malik management zentrum st. gallen, consulting & education* (Online Blatt – Informationen über richtiges und gutes Mangement), 1–6.

Hinterhuber, H. (2004). *Strategische Unternehmensführung, I. Strategisches Denken* (7. Aufl.). Berlin: De Gruyter.

Hodgkinson, G. P. (2002). *The competent organization*. Philadelphia: Open University Press.

Hrebiniak, L. L., & Joyce, W. F. (1986). The strategic importance of managing myopia. *Sloan Management Review, 1,* 5–7. (Fall 1986).

Johnson, G., Whittington, R., & Scholes, K. (2011). *Exploring corporate strategy*. Upper Saddle River: Prentice Hall.

Jonas, K. W. (2007). *Sozialpsychologie: Eine Einführung* (5. Aufl.). Heidelberg: Springer.

© Springer Fachmedien Wiesbaden 2016

A. Beisswenger, *Anatomie strategischer Entscheidungen*, essentials,

DOI 10.1007/978-3-658-12435-9

Jungermann, H., & Pfister, H. F. (2010). *Die Psychologie der Entscheidung*. Heidelberg: Spektrum Akademischer.

Kahneman, D. P. (1982). *Judgement under uncertainity: Heuristic and biases*. Cambridge: Cambridge University Press.

Kahneman, D. (2003). Maps of bounded rationality: Psychology for behavioural economics. *The American Economic Review, 93*(5), 1449–1475.

Kahnemann, D. (2012). *Schnelles Denken, Langsames Denken*. München: Siegler.

Kerth, K. (2011). *Die besten Strategietools in der Praxis*. München: Hanser.

Kevin, D. (1999). Affect and strategic decision making. *The Psychologist, 12*(1), 24–28.

Klatt, T., & Möller, K. (2012). Entscheidungsanomalien in der strategischen Unternehmensplanung. *Zeitschrift für Management ZfM, 6*(4), 427–448.

Königswieser, R. (2006). *Komplementärberatung*. Stuttgart: Klett-Cotta.

Krynski, T. J. (2007). The role of causality in judgement under uncertainity. *Journal of Experimental Psychology, 136*(3), 432.

Luhmann, N. (2009). Zur Komplexität von Entscheidungssituationen. *Soziale Systeme, 15,* 3–35.

Malik, F. (2012). Neue Tools sind nötig. Malik on Management (m.o.m®), 1(12).

Malik, F. (2011). Brief an junge Ökonomen – Die Mission der Manager von morgen. (K. Spiegel-online, Herausgeber, S. online, Produzent, & Spiegel). http://www.spiegel.de/karriere/berufsstart/0,1518,755834,00.html. Zugegriffen: 9. April 2011.

Mason, R. O. (1981). *Challenging strategic planning assumptions*. New York: Wiley.

Maule, A. J., & Hodgkinson, G. P. (2002). Heuristics, biases and strategic decison making. *The Psychologist, 15*(2), 68–71.

Mintzberg, H. (1976). The structure of „Unstructured" decision processes. *Administrative Science Quarterly, 21*(2), 246–275.

Nagel, R., & Wimmer, R. (2004). *Systemische Strategie-Entwicklung*. Stuttgart: Klett-Cotta.

Nutt, P. C. (1998). Framing strategic decisions. *Organization Science, 9*(2), 198.

O'Reilly, C., & Tushma, M. (2004). Neues schaffen, Altes bewahren. *Harvard Business Manager,* Aug., 74–83.

Palmer, B. (1999). Click here for decisions. *Fortune, 139*(9), 99–101.

Pelzmann, L. (2007). Ist Intuition ein guter Ratgeber? *Malik on Management* (m.o.m®), 4(07), 54–56.

Pfeiffer, W. W., Volz, T., & Wetengl, S. (1997). *Funktionalmarkt Konzept zu strategischen Management prinzipieller technologischer Innovationen*. Göttingen: Vandenhoeck & Ruprecht.

Rosenzweig, P. (2014). Was in der Praxis funktioniert. *Harvard Business Manager,* Jan., 25–31.

Rozin, P. C. (2002). *Sympathic magical thinking: The contagion and similarity „Heuristics"*. Cambridge: Cambridge University Press.

Saaty, T. (2000). *The brain – Unraveling the mystery of how it works – The neural network process*. Pittsburgh: RWS Publications.

Schwenk, C. R. (1988). *The essence of strategic decision making*. Massachusetts: Lexington Books.

Simon, H. A. (1955). A behavioral model of rational choice. *The Quarterly Journal of Economics, 69*(1), 99–118.

Simon, H. A. (1957). *Models of man: Social and rational*. New York: Wiley.

Sprenger, R. (2002). *Vertrauen führt*. Frankfurt a. M.: Campus.

Sternberg, R. J. (2009). *Cognitive psychology*. Belmont: Wadsworth. https://en.m.wikipedia.org/wiki/Satisficing.

Stoler, M. A. (1989). *George C. Marshall – Soldier-statesman of the American century*. New York: Simon & Schuster Macmillan.

Storch, M. (2008). *Das Geheimnis kluger Entscheidungen*. Zürich: Mosaik bei Goldmann.

Westermann, D. J. (2003). Change in perceptual form attenuates the use of the fluency heuristic in recognition. *Memory & Cognition, 31*(4), 619.

Yeung, C. D. (2007). The duration heuristic. *Journal of Consumer Research, 34*(3), 315–326.